核心素养下的德育新思路

德育新思路

长沙麓山国际实验小学德育课程实践探索

龚拥军 ◉ 著

广西师范大学出版社

·桂林·

图书在版编目（CIP）数据

核心素养下的德育新思路：长沙麓山国际实验小学德育课程实践探索／龚拥军著 . —桂林：广西师范大学出版社，2022.9

ISBN 978 - 7 - 5598 - 5342 - 4

Ⅰ．①核… Ⅱ．①龚… Ⅲ．①德育-教学研究-小学 Ⅳ．①G621

中国版本图书馆 CIP 数据核字（2022）第 159472 号

核心素养下的德育新思路

HEXINSUYANG XIA DE DEYU XINSILU

出 品 人：刘广汉
责任编辑：刘美文
装帧设计：弓天娇

广西师范大学出版社出版发行

（广西桂林市五里店路 9 号　邮政编码：541004）
（网址：http://www.bbtpress.com）

出版人：黄轩庄
全国新华书店经销
销售热线：021 - 65200318　021 - 31260822 - 898
上海盛通时代印刷有限公司印刷
（上海市金山工业区广业路 568 号　邮政编码：201500）
开本：720 mm × 1 000 mm　1/16
印张：12.75　　　　　　字数：221 千字
2022 年 9 月第 1 版　　2022 年 9 月第 1 次印刷
定价：48.00 元

如发现印装质量问题，影响阅读，请与出版社发行部门联系调换。

核心素养召唤下的德育行动

（代序）

德育工作是学校工作的灵魂，它致力于培养学生的思想品德和人格素养，体现着学校教育的基本目的，贯穿在德、智、体、美、劳教育实践的各个方面，统领着整个学校教育。它对青少年学生健康成长和学校工作起着导向、动力和保证的作用。小学德育是社会主义精神文明建设的奠基工程，是提高全民族思想道德素质的奠基性教育，是培养造就合格公民的起点。

新时代催生新教育，新教育预示着新使命。积极构建新时代"五育融合"育人模式，是当前及未来基础教育改革重要的发展方向和路径之一。学校德育要紧跟时代的发展，紧贴学生个体的身心成长规律，把教育的根本使命与人的发展有机结合起来，更加注重人的全面发展。育"德"是成"人"的根本，是关于个体生命身心健康与自我实现的教育。作为"人"的教育，首先应关注生命个体。中小学德育要重新发现其内涵，重新定义其目标，构建能担当立德树人伟大使命的新时代德育新生态。

2016年9月，《中国学生发展核心素养研究报告》发布，指向"教育究竟应该培养什么样的人"的核心问题，将"中国学生发展核心素养"定义为：学生应具备的、能够适应终身发展和社会发展需要的必备品格和关键能力，从文化基础、自主发展、社会参与三个方面将核心素养具体分化为人文底蕴、科学精神、学会学习、健康生活、责任担当、实践创新这六大素养。"核心素养"的概念具有天然的德育内涵，对于当前德育工作具有非常重要的指导意义。核心素养召唤着我们新的行动：德育目标不再是素质教育目标的雾里看花、来无影去无踪，而是目标的科学化、系统化、具体化；德育不再是"德、智、体、美、劳"中看似打头，却总被忽略。我们要真正追求落地的全面发展、生根的品质养成，我们需要的是核心素养观照下严格、严密、严肃、严明的目标分解、预设生成、考核评价的德育全程的新行动。

我们认识到：学校的德育课程是一个系统化的工程，包括了学校育人的课程体系和校园文化体系。它不是做几场热闹的活动、喊几句空洞的口号就能实现的，而是要在日常教学和学习生活中慢慢培养，不能仅靠生硬的灌输。它强调的是让学生从进入校园开始，从学校文化到环境管理，从校风学风到价值观念，引导学生在思想观念、行为方式、价值取向等方面产生认同。实践证明，做好新时期德育工作，要有科学清晰的顶层设计、完善健全的支持系统，更要有合适的途径和可操作的育人体系。

多年来，长沙麓山国际实验小学（以下简称"麓小"）开展了以核心素养为导向的麓小主体性德育模式的探索与实践，坚持以"价值引领与习惯养成"为核心，聚焦于培育学生在道德上的必备品格和关键能力。除了让德育回归课堂，通过《道德与法治》的学科知识体系教授来培养学生良好的德育素养；还通过丰富多彩的德育活动承载德育目标，从思政素养、道德品质、人文素养、自主发展、社会参与这五大方面来构建学校德育课程，全面促进和提升了学校的德育工作实效。如：打造思政素养课程，培养国家民族认同——创新思政课教学形式与内容，围绕红色热土做文章，开展"讲好红色故事""致敬英雄""行走的队徽"等系列活动，形成了"三育三学、四融五行"的特色，让红色基因在学生心底扎根；打造道德品质课程，形成规范规则标准——通过分层设计的道德品格培养行动，让麓小学子在各种现实的体验与实践中，发展和形成了自我主体的道德品格。特别是积极探索"麓小儿童礼"的德育课程，以礼修身塑造学生的文明习惯；打造人文素养课程，奠定健全人格根基——"麓山大讲堂""校园六大节"和"馆校合作"美育课程等项目，丰厚了学生的文化底蕴，丰富了学生的精神世界，为学生人文素养的培育奠定良好的基础；打造自主性素养课程，培养社会主义合格公民——通过心理健康教育、校园生活民主化、毕业课程等德育活动的实施与开展，促进了麓小学子健康品质的形成和美好德行的培养；打造社会性素养课程，培养责任意识与创新精神——开设的研学旅行、智慧劳动、五彩麓山枫等一系列德育实践活动课程，取得了良好的实践育人成效，已经形成了麓小特色的德育模式，建立了学校全员、全程、全方位德育的机制。

坚持，就能穿越平凡；根植，方可成就绿荫；用心，才会成就伟大。基于此，我整理了麓小多年来德育探究与实践的点点滴滴，以期为广大学校和教育同行提供些许参考。

本书试图以严谨的理论阐释、丰富的课程设计和鲜活的真实案例，诠释我们对新时期德育工作的基本认识，再现麓小人一以贯之的、以"素养"为导向的德育行动，总结梳理学校德育工作的基本模式和主要特色。同时，书中还收录了部分我在各项德育教育活动中的讲话稿和育人体会，仅是作为一线教育工作者对素质教育、对儿童成长的一些理解。其间，我想表达——教育一定是"随风潜入夜，润物细无声"的慢的艺术。

　　由于本人能力和水平有限，本书成稿的过程中内心难免忐忑，诚恐贻笑大方，不知能否如初心一般给同行参考。但转念一想，玉不琢，不成器。只有抛出来，让它经受检验和磨砺，能够激发交流和探讨，才会沉淀真知灼见。何况若能得各位同仁专家不吝赐教，便更是幸事一桩了。

龚拥军

二〇二二年八月一日

目录

第一章
新时代学校德育工作综述

德育有广义与狭义之分。广义的德育泛指有目的、有计划地对社会成员在政治、思想与道德等方面施加影响的活动，包括社会德育、社区德育、学校德育和家庭德育等方面。狭义的德育仅指学校德育，简言之就是教师有目的地培养学生品德的活动。[①]

党的十八大以来，以习近平总书记为核心的党中央高度重视学校德育工作，出台了一系列政策文件，围绕培养什么人、怎么培养人、为谁培养人等根本问题，提出了建立立德树人落实机制、健全全面培养体系、实现高质量教育发展等一系列指导意见。如：2012 年提出把立德树人作为教育的根本任务，2017 年教育部颁布《中小学德育工作指南》，2018 年全国教育大会提出完善德智体美劳全面培养的育人体系，实现了从"德育为先"到"德育为本"的转变，对新时代学校德育工作提出了更高的要求。

---

① 黄向阳：《德育原理》，华东师范大学出版社，2000 年。

2018 年 9 月 10 日，在全国教育大会上习近平总书记指出，我们的教育必须把培养社会主义建设者和接班人作为根本任务，要在六个方面下功夫："要在坚定理想信念上下功夫""要在厚植爱国主义情怀上下功夫""要在加强品德修养上下功夫""要在增长知识、见识上下功夫""要在培养奋斗精神上下功夫""要在增强综合素质上下功夫"。

而学校德育是教育者组织适合德育对象品德成长的价值环境，促进他们在道德价值的理解和道德实践能力等方面不断建构和提升的教育活动。[①] 简言之，德育是促进个体道德自主建构的价值引导活动，是落实立德树人根本任务的重中之重。

第一节　新时代学校德育工作新背景

进入新时代，中华民族伟大复兴的进程在加快，整个社会在剧变中迅速发展，各种思想在不断更新并冲击变化，学校教育特别是学校的德育工作面临的形势更是日益严峻，必须要根据所处的外部环境和内部现实迅速做出变化与调整，以适应形势，更好地落实立德树人的根本任务。

一、中西文化碰撞

当前，国际政治、经济、科技、文化版图在加速演变，国际斗争日益加剧，多元文化思潮不断涌现并快速传播。青少年成长在这样急剧变化的全球化背景之下，中西文化产生剧烈碰撞，西方消费文化、享乐主义及功利主义文化直接影响着青少年的思想。例如奶嘴战略，主要依靠两种路径：一是发泄性娱乐，如网络游戏；二是满足性游戏，如国外大量肥皂剧和偶像剧、大量明星丑闻、真人秀等大众娱乐节目抢占注意力，消磨掉青少年的精力，让他们没有时间学习，甚至都不能独立思考，最终导致青少年理想信念偏移，文化认同削弱，政治信仰产生危机。在这样的背景下，学校德育工作如何正确认识青少年多元文化追求的特点，准确把握青少年德育教育所面临的挑战，探索学校德育中文化认同教育的应对策略，成为新时代必须正视和面对的问题。

---

① 檀传宝：《学校道德教育原理》(第 3 版)，北京：教育科学出版社，2015 年。

二、不良思潮影响

当前正处于社会经济高速发展时期，社会上出现了"丧文化""躺平文化""佛系文化""道系文化"以及追星的"饭圈文化"、网络庸俗的"祖安文化"等各种不良思想潮流的侵袭，以及网络等多种新事物的冲击和影响，在很大程度上影响着青少年的身心成长，这些前所未有的影响，甚至超乎我们的想象。

在校学生处在行为习惯养成和巩固的关键时期，他们急于摆脱师长的管束，但因涉世未深，明辨是非的能力尚不具备，极易受到暴力、拜金等不良思想的诱惑和侵蚀。他们在物质上得到了充分的满足，但精神世界却极度匮乏——缺少理想、目标、责任感，在道德行为上存在缺失。校园中的追逐打闹、大声喧哗、"出口成脏"，迷恋网络不能自拔，好逸恶劳坐享其成，无心学习、不思进取、思想迷茫等多种不良行为表现，都预示着学校德育工作任重道远。

三、教育焦虑加剧

当前的教育焦虑已成为全社会普遍现状，无数家庭陷入了日益严重的教育焦虑之中，"内卷""鸡娃""牛娃""虎爸虎妈"成为高频词，热度多年不减。家长们信奉"不输在起跑线上""抢占优质教育资源"等片面的教育理念，导致课外培训"高烧"不退，带来了越来越沉重的家庭教育经济负担。英语、奥数等基础功课门门紧凑；书法、钢琴、舞蹈、围棋，兴趣才艺全面开花……"课外要补课、放假不放松"，这种通过延长学习时间、加码辅导力度的方式，使学生长期面临身体与精神的双重压力，很可能导致其心理失衡，最终失去持续奔跑的勇气和能力。这样的教育焦虑，俨然已成为影响全民身心健康、影响家庭和谐幸福的最大的民生问题。

2021年7月，中共中央办公厅、国务院办公厅联合印发《关于进一步减轻义务教育阶段学生作业负担和校外培训负担的意见》(以下简称《意见》)，《意见》指出，要强化学校教育主阵地作用，深化校外培训机构治理，构建教育良好生态。[①] 这一《意见》的颁布，无疑是国家缓解教育焦虑的重大战略部署。在这样的背景下，学校德育工作需要重新认识新时代的德育内涵，创新德育工作的方式方法，构建学校德育立体"双减网"，真正做好协同育人，实现"减负增质"的教育高质量发展。

---

① 中共中央办公厅、国务院办公厅：《关于进一步减轻义务教育阶段学生作业负担和校外培训负担的意见》，2021年7月24日。

第二节　新时代学校德育工作新特点

新时代催生新教育，新教育预示着新使命。学校德育要重新发现其内涵、重新定义其目标，创建能担当立德树人伟大使命的新时代德育新生态。新时代德育应该是一种和谐、美好的，尊重个性、遵从道德生成规律的生态型德育模式。新时代学校德育建设要以发展学生核心素养为任务，以构建和谐关系为支点，以创新育人方式为动力，最终实现学生德智体美劳的全面发展、和谐发展和可持续发展。基于此，新时代学校德育呈现出不同以往的全新特点。

一、德育目标更为科学明确

教育是国之大计、党之大计。党中央历来高度重视公民的道德素养和学校的德育工作，并根据时代的发展与变化不断调整教育的人才培养目标和德育培养要求。

1949 年，中国政治协商会议通过的《中国人民政治协商会议共同纲领》提出将"爱祖国、爱人民、爱劳动、爱科学、爱护公共财物"的"五爱"作为中国全体人民的公德，成为中小学德育工作的基本目标。随后的 1952 年 3 月，国家教委颁布《小学暂行规程（草案）》和《中学暂行规程（草案）》，其中统一将"五爱"作为学校德育培养人才的目标。

1983 年，邓小平提出教育的"三个面向"之后，德育目标开始向更高人才质量培养上迈进。《中共中央关于教育体制改革的决定》指出，要培养有理想、有道德、有文化、有纪律，热爱社会主义祖国的人才，坚持社会主义方向，坚持教育为社会主义建设服务的指导思想。

1986 年，《中华人民共和国义务教育法》要求中小学生"在品德、智力、体力等方面全面发展，培养有理想、有道德、有文化、有纪律的社会主义建设人才，提高全民族素质"。

2017 年 9 月，教育部颁布《中小学德育工作指南》，其中明确指出：培养学生爱党爱国爱人民，增强国家意识和社会责任意识，教育学生理解、认同和拥护国家政治制度，了解中华优秀传统文化和革命文化、社会主义先进文化，增强中国特色社会主义道路自信、理论自信、制度自信、文化自信，引导学生准确理解和把握社会主义核心价值观的深刻内涵和实践要求，养成良好政治素质、道德品质、法治意识和行为习惯，形成积极健康的人格和良好心理品质，促进学生核心素养提升和全面发展，为学生一生成长奠定坚实的思想基础。①

　　以上德育目标的不断演进，证明了学校德育紧跟时代的发展，紧贴学生个体的身心成长规律，把教育的根本使命与人的发展有机结合起来。育"德"是成"人"的根本，即德育是关于个体生命身心健康与自我实现的教育。作为"人"的教育，首先关注生命。新时代下的学校德育要全面融入生命教育，即关于个体生命身心健康与自我实现的教育，其科学性与明确性不断提升。

二、德育内容更为广泛全面

　　《中小学德育工作指南》中提出中小学德育的五项内容为："理想信念教育""社会主义核心价值观教育""中华优秀传统文化教育""生态文明教育""心理健康教育"。②

　　2021年8月24日，教育部召开新闻发布会，统筹谋划重大主题教育进课程教材情况，对大中小学的德育内容体系进行了重新界定。在原有五项基础上，结合新的时代需要，对其内容做了更为广泛全面的扩充，具体有《习近平新时代中国特色社会主义思想进课程教材指南》《中华优秀传统文化进中小学课程教材指南》《革命传统进中小学课程教材指南》《大中小学劳动教育指导纲要》《大中小学国家安全教育指导纲要》《生命安全与健康教育进中小学课程教材指南》和《国防教育进中小学课程教材指南》等。

三、德育体系走向"五育融合"

　　长期以来，在唯分数论的功利主义教育思想影响下，学校德育与智育长期分离。学校德育工作普遍存在"说起来重要，做起来次要，忙起来不要，出了问题最重要"的边缘情况，甚至出现了"智育是学校的生命线，德育是学校的风景线"的说法。当下，在"育什么人"和"为谁育人"等根本问题已经明确明晰的情况下，必然要求教育打通教育模块之间的壁垒，为个体构建具有整体性的成长环境。因此，应从"育人"的角度看待"德育"，促进德智体美劳几大基本模块整合互渗，进而多方面对学生的心灵施加潜移默化的影响，积极构建新时代"五育融合"育人模式，是当前及未来基础教育改革最重要的发展方

---

① 中华人民共和国教育部：《中小学德育工作指南（2017）》，2017年9月5日。
② 同上。

向和路径之一。

而学校德育通过"五育融合"与全员育人、全程育人、全方位育人等"三全"育人方式的构建,为学校完成"立德树人"这一根本任务找到了有效途径。

四、德育形式更为灵活多样

以往传统的德育教育形式,往往由道德与法治学科承担,大多以教学和活动形式开展,途径和形式都较为单一。2017 年教育部颁布的《中小学德育工作指南》中,明确提出学校德育的六大实施途径为课程育人、文化育人、活动育人、实践育人、管理育人、协同育人。①

第一,课程育人。从严格落实德育课程、发挥其他课程德育功能、用好地方和学校课程等方面,发挥课堂教学在育人中的主渠道作用。

第二,文化育人。从优化校园环境、营造文化氛围、建设网络文化等方面加强校园文化建设,让校园处处成为育人场所。

第三,活动育人。利用节庆纪念日、仪式教育活动、校园节(会)、团队活动等,开展形式多样、主题鲜明的教育活动,以鲜明正确的价值导向引导学生。

第四,实践育人。通过开展各类主题实践、劳动实践、研学旅行、志愿服务等,增强学生的社会责任感,培养他们的创新精神和实践能力。

第五,管理育人。推进学校治理现代化,从完善管理制度、明确岗位责任、加强师德师风建设、细化学生行为规范、关爱特殊群体等方面,将中小学德育工作的要求贯穿于学校管理的细节之中。

第六,协同育人。加强家庭教育指导,构建社会共育机制,争取家庭、社会共同参与和支持学校德育工作。

这六种实施途径为学校德育的全方位立体化适时开展提供了根本遵循与多样参考,为学校实现"立德树人"根本任务奠定了坚实的实践基础。

第三节 新时代学校德育工作新实践

新时代呼唤新德育。2000 年 12 月,中共中央办公厅、国务院办公厅颁布

---

① 中华人民共和国教育部:《中小学德育工作指南(2017)》,2017 年 9 月 5 日。

的《关于适应新形势进一步加强和改进中小学德育工作的意见》中明确指出："面对国内外形势的新变化、教育改革与发展的新任务和青少年思想教育工作的新情况，中小学德育工作还很不适应。"突出表现在：重智育轻德育、一手硬一手软的现象依然在一些地方和学校严重存在；德育工作不适应青少年学生身心发展的特点，不适应社会生活的新变化，不适应全面推进素质教育的要求，方法与手段滞后，针对性和实效性不强；重课堂教学轻社会实践，重校内教育轻校外教育的倾向比较严重；全社会关心和支持教育的风气尚未全面形成，一些地区的社会环境不利于青少年学生健康成长；一些教师的思想道德素质与教书育人、为人师表的要求存在较大差距，教师职业道德建设亟待加强；德育工作的保障措施不够有力，体制、机制、队伍建设和经费投入等政策措施不到位。虽然过去了二十多年，但学校德育不仅没有很好地解决这些问题，反而有些矛盾更为突出，有些问题更为严重。①

　　在2018年的全国教育大会上，习近平总书记再次强调："要把立德树人融入思想道德教育、文化知识教育、社会实践教育各环节，贯穿基础教育、职业教育、高等教育各领域。"新时代的学校德育必须深刻领会并回答新时代背景下"立什么德，培养什么人，为谁培养人"的教育根本问题，筑牢"为谁培养人的主线"，用习近平新时代中国特色社会主义思想培根铸魂，从而引导学生发展良好品德和健全人格，构建学校德育新思维、新格局等，通过学校德育的新实践来开创更具活力的新时代学校德育新局面。

一、坚持德育一体化顶层设计

　　大中小学德育一体化是落实立德树人、全面深化德育工作改革的必然要求。德育一体化是系统工程，必须做好顶层设计，党组织重视，强化政治引领，牢牢把握社会主义核心价值观教育的政治方向。打破学段割裂，破除"见学科不见人"的问题，构建纵向衔接、横向贯通、分层递进、螺旋上升的一体化德育工作体系，已成为各地各校增强德育工作科学性和实效性，开展新时代德育实践的有力抓手。

二、发挥德育课堂教学的主阵地作用

　　德育课堂教学是德育的主阵地，这一主要功能载体的作用在新时代的德育

---

① 朱永新：《问题在哪里——新时代呼唤新德育》，《守望新教育》，2020年11月16日。

实践中，显得尤为重要。因此，国家倡导积极推进《道德与法治》《思想政治》教材的统一使用，有效实施"中国梦""中华优秀传统文化""国际理解""红色文化"等地方课程，鼓励学校结合实际开发校本课程，将社会主义核心价值观教育细化到各学科课程的育人目标中。突出《道德与法治》《思想政治》等德育课程的关键地位，着力发挥其在学校德育工作中的品德、思想和价值引领作用，根据学生的身心发展特点，循序渐进、螺旋式地开设相关课程，创新德育课程的教学方式方法，推动德育课程内涵式建设与发展，全面提升学生思想政治理论素养与道德修养，实现知、情、意、行的统一。

1. 教学实现由被动灌输转向主动体验

从教材的编写逻辑上看，《道德与法治》《思想政治》都更为重视以情感为中介进行道德教育。对于德育新课标的落实，应在课堂实践、生活实践中体现和发扬。

2. 互动从单向传授转向多维对话

德育教师要深研教材资源，针对新时代下中小学生思维活跃的特点，增强学生在学科学习中的参与感和融入感，以课堂唤醒学生的道德感悟。课堂中可以多运用案例教学法，重视思维启发和实践探究，通过与现实生活密切相关的生动案例引导学生认识和内化抽象的道德、法治观念，认识道德生活的真谛。

三、渗透学科教学，实现全学科育人

在中小学语文、科学、数学、艺术、体育等学科中，无不包含着丰富的德育内容，这是知识教育追求至善的必然结果。在课程内容具备德育可能性的基础上，各科教学德育效力的发挥与教师的洞见密切相关。新时代的德育实践，特别要求中小学各学科的德育渗透融合，从而实现全学科育人。

首先，要加强对各科教师的培训，提升教师基于德育角度解读学科课程内容，渗透融合德育内容的能力，在教育活动中同时关注多维德育目标。

其次，要重视补足短板，增强学校体育、美育与劳动教育的德育功能。构建德智体美劳全面培养的教育体系，形成更高水平的人才培养体系的短板在于学校体育、美育与劳动教育。

学校体育的功能，不只在"体"育，更在"心"育。学校要在"健康第一"的教育理念指导下，在开齐开足体育课和开展相关体育活动的同时，引导学生在体育锻炼中形成良好的体育兴趣和运动习惯，能够享受乐趣、增强体质、健

全人格、锤炼意志。

学校美育要坚持以美育人、以文化人、以美育德、德美一体，在开设美术、音乐等必修课的同时，积极开展舞蹈、戏剧等多种艺术课程及活动。

劳动教育具有促进生产劳动与社会发展、促进人的发展的双重价值。劳动教育具有人格砥砺的价值，在劳动教育中可以规范、引导和培养学生吃苦耐劳、克服困难、敢于拼搏的意志品质，帮助学生建构健康人格。此外，劳动本身具有审美价值，劳动教育可以激发学生在劳动中的审美体验，培养学生的劳动情感，引导学生享受劳动的成果、劳动的创造和劳动的乐趣，体验劳动之美。

四、开展丰富多彩的德育实践活动

2022 年 4 月，新版义务教育课程方案和课程标准正式公布。其中，道德与法治学科的课程内容为：以发展学生的核心素养为导向，以"成长中的我"为原点，由"自我认识"到"我与自然""我与家庭""我与他人""我与社会""我与国家和人类文明"，不断拓展学生的认识和生活范围。道德源于生活世界，必须经过生活践履方可获得。以"实践"为支点构造活动，才能在真实的生活情景下开展德育。

五、构建家校社协同育人机制

构建家校社协同育人机制，是新时代营造道德教育所需要良好环境的关键举措。家庭是学生的第一生活场所，是学生品德养成的重要空间，能够为学生的终身发展奠基。身教胜于言传，家长个人的品德会对中小学生起到示范作用。家长具有良好的道德修养，中小学生身处于家庭环境中的任何时刻都能够在品德上得到滋养。反之，家长则会成为反面教材，使少年儿童习得不良的品行与观念。

目前，学校家校社协同育人机制的主要思路，常规是以家长开放日、家长委员会、家长大讲堂及各种社会实践、亲子活动、公益活动等互动形式，把家长请进学校，带学生走进社区，以发挥其协同育人功能。在此基础上，学校也可以根据自身的实际资源情况，积极发挥学校的主导和引导作用，不断丰富拓展和创新家校社协同育人形式，鼓励家长和社区积极主动参与，达成家校社协同共识，形成良好家校社协同育人氛围、建立健全家校社协同育人机制。

新时代新阶段新征程，当前的学校德育工作要突出学习贯彻习近平新时代中国特色社会主义思想主线，牢记立德树人的根本任务，强化政治启蒙和价值观塑造的要求，坚定为党育人、为国育才的目标，不断提升学校德育的吸引力、感染力、针对性、时效性，充分发挥出中国特色学校德育制度优势，为培养担当大任的时代新人培根铸魂。①

---

① 陈东升：《聚焦新时代新要求，全面提升中小学校德育工作水平》，《北京教育》（普教版）2021 年第 5 期。

第二章

核心素养导向的麓小主体性德育实践模式

20 世纪 90 年代，国际经济合作与发展组织（以下简称"经合组织"）首次提出"核心素养"这一概念，在国际教育领域产生了广泛而深远的影响。

2003 年，经合组织发布《核心素养促进成功的生活和健全的社会》的研究报告，提出"人与工具""人与自己"和"人与社会"三大类九种核心素养的素养框架体系。

2014 年，教育部印发《关于全面深化课程改革落实立德树人根本任务的意见》，提出"教育部将组织研究提出各学段学生发展核心素养体系，明确学生应具备的适应终身发展和社会发展需要的必备品格和关键能力"。

2016 年 9 月，《中国学生发展核心素养研究报告》发布，指向"教育究竟应该培养什么样的人"的核心问题，将"中国学生发展核心素养"定义为：学生应具备的、能够适应终身发展和社会发展需要的必备品格和关键能力，从文化基础、自主发展、社会参与三个方面将核心素养具体分化为人文底蕴、科学精神、学会学习、健康生活、责任担当、实践创新这六大素养。[1]

"核心素养"的概念具有天然的德育内涵，对于当前德育工作具有非常重要的指导意义。而南依岳麓山、东临湘江水，与千年学府岳麓书院比邻的麓山国际实验小学（以下简称"麓小"）承继源远流长的湖湘文脉，将其作为学校文化生成的基因土壤，学校也因此形成了与核心素养的培养目标高度一致的"面向世界、博采众长、发展个性、奠基人生"的办学理念。近年来，学校开展了以核心素养为导向的麓小主体性德育模式的探索与实践，更好地续接传统，聚焦于培育学生在道德上的必备品格和关键能力，全面促进和提升了学校的德育工作实效。

---

[1] 林崇德：《中国学生发展核心素养研究报告》，2016 年 9 月 13 日。

不同于一般意义的"素养"概念，"核心素养"突出强调个人修养、社会关爱、家国情怀，更加注重自主发展、合作参与、创新实践。从价值取向上看，它"反映了学生终身学习所必需的素养与国家、社会公认的价值观"。从指标选取上看，它既注重学科基础，也关注个体适应未来社会生活和个人终身发展所必备的素养，不仅反映社会发展的最新动态，同时注重本国历史文化特点和教育现状。在我国，社会主义核心价值观包含了国家、社会、公民三个层面的价值准则。因此从结构上看，基于中国国情的"核心素养"模型，应该以社会主义核心价值观为圆心来构建。它是可培养、可塑造、可维持的，可以通过以道德维度为根基的学校教育来获得。①

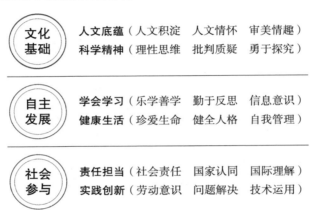

图2-1　中国学生发展核心素养示意图

基于此，麓山国际实验小学以符合中国国情的核心素养为导向，结合学校"价值引领＋习惯养成，培育具有中国根基的合格公民"的育人理念，聚焦于培育学生在道德上的必备品格和关键能力，积极探索并形成了以学生"自主体验"为主体的德育实践模式，以此促进麓小学子的全面成长。

第一节　基于核心素养的麓小德育目标设定

德育目标是德育工作的出发点，它不仅决定了德育工作的内容、形式和方法，而且制约着德育工作的整个过程。学校德育目标是指通过德育活动的开展，让学生的品德形成发展达到的总体规格要求，也即是学校德育活动所要达到的预期目标或结果。

___

① 叶飞：《基于核心素养的校本德育课程开发》，《中国德育》2021 年第 7 期。

核心素养体系下，学校德育目标的设定必须依据自身的办学实际与现状，从情感、态度、价值观的教育、道德知识的传授和道德能力的培养基础上，有所继承和创新，聚焦于学生在道德上的必备品格和关键能力，梳理出符合国家导向、社会需求与学生全面发展的麓小德育目标。

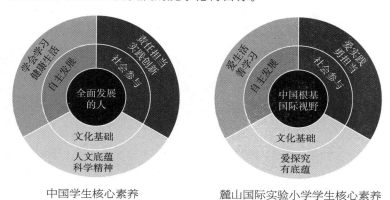

中国学生核心素养　　　　　　麓山国际实验小学学生核心素养

图2-2　麓小学生核心素养对比图

一、学校德育目标设定的基本依据

学校是育人场所，肩负着振兴民族、振兴国家的重任。学校的德育目标应该依据国家的政策方针与教育目的、时代的发展与社会的需要、民族的文化及道德传统，以及学生思想品德的形成、发展的规律和特征等几个维度来进行设定。

党的十八大以来，中共中央、国务院印发了一系列关于部署德育工作的文件，进一步明确了学校德育工作的根本目标是培养拥护党的领导和中国特色社会主义制度的时代新人。

2017 年，教育部颁布的《中小学德育工作指南》（以下简称《指南》）中明确提出中小学德育的总体目标是：培养学生爱党爱国爱人民，增强国家意识和社会责任意识，教育学生理解、认同和拥护国家政治制度，了解中华优秀传统文化和革命文化、社会主义先进文化，增强中国特色社会主义道路自信、理论自信、制度自信、文化自信，引导学生准确理解和把握社会主义核心价值观的深刻内涵和实践要求，养成良好政治素质、道德品质、法治意识和行为习惯，形成积极健康的人格和良好心理品质，促进学生核心素养提升和全面发展，为学生一生成长奠定坚实的思想基础。①

---

① 中华人民共和国教育部：《中小学德育工作指南（2017）》，2017 年 9 月 5 日。

2022 年 4 月，教育部颁发最新的《义务教育课程方案和课程标准》（2022年版）（以下简称"新课标"），从国家层面厘定了义务教育阶段的育人目标、明确了基础教育课程改革方向、优化了基础教育学段各科课程内容及其组织呈现形式，这是继《中国学生发展核心素养研究报告》之后，实现义务教育高质量发展再动员、再部署的纲领性文件。

对比 2011 年版课程标准中"知识与技能""过程与方法""情感态度与价值观"的三维能力目标，新课标以中国学生发展核心素养为基础，将立德树人的根本任务具体和细化，强调培养"全面发展的人"，要求学校德育工作重在教育培养学生的人文底蕴、科学精神、学会学习、健康生活、勇于实践、有责任担当，养成遵守和履行道德准则和行为规范的良好习惯，增强社会责任感，提升创新精神和实践能力，促进个人价值实现，推动社会发展进步，成就出彩人生，发展成为有明确人生方向、有生活品质、有理想信念、敢于担当的人。

因此，学校必须紧扣"立德树人"的核心点，按照《中小学德育工作指南》的要求，围绕构成"全面发展的人"的素养与能力体系，依托麓山国际实验小学办学理念及德育实践情况来合理设定学校德育目标。

二、麓小德育目标的主要内容

学生未来要承担建设社会主义现代化强国的时代重任，更肩负着维护国家政治安全、赓续社会主义命脉的历史使命。这样的形势要求学校德育工作必须强化政治要求，即进一步提升思想认识和政治站位，把"培养什么人、怎样培养人"提升到"为谁培养人"的高度上来；既高度重视培养建设者，又高度重视将其培养成为接班人。①

同时，《中小学德育工作指南》中提出中小学德育的"五项主要内容"分别是理想信念教育、社会主义核心价值观教育、中华优秀传统文化教育、生态文明教育和心理健康教育。

聚焦面向未来的必备品格和关键能力的核心素养，对应学校德育工作的政治化需求及《指南》提出的五项内容，结合麓山国际实验小学"学会生存、学会关心，做豪迈的中国人"的育人目标，从传统文化、时代精神、湖湘精神中吸取精神养分，以"价值取向"和"行为习惯养成"为定位，麓山国际实验小学设定学校的德育目标为：培育麓小学生在现代社会中应具备的"自主、自

---

① 陈东升：《聚焦新时代新要求，全面提升中小学校德育工作水平》，《北京教育》（普教版）2021 年第 5 期。

理、自信"能力和态度，形成"爱心、责任、合作"的人生观和价值观，培养他们爱探究、爱实践、爱生活的必备品质和有底蕴、善学习、勇担当的关键能力，在小学阶段为麓小学子奠定"中国根基和国际视野"的人生底色，培养合格的社会主义建设者和接班人。

第二节　基于核心素养的麓小德育课程构建

基于核心素养的德育课程就是依据学生终身发展的需要，明确学校育人主线，加强正确的价值观引导，重视必备品格和关键能力培养，并以此凝练学校课程所要培养的核心素养，体现德育课程独特的育人价值和共通性育人要求。

麓山国际实验小学充分认识到：学校的德育课程是一个系统化的工程，包括了学校育人的课程体系和校园文化体系。强调的是让学生从进入校园开始，从学校文化到环境管理，从校风学风到价值观念，引导学生在思想观念、行为方式、价值取向等方面产生认同。因此，麓小坚持以"价值引领与习惯养成"为核心，除了让德育回归课堂，通过《道德与法治》的学科知识体系来培养学生良好的德育素养；还通过丰富多彩的德育活动承载德育目标，从思政素养、道德品质、人文素养、自主发展、社会参与这五大方面来构建学校德育课程，开展德育实践，形成了麓小特色的德育模式，建立了学校全员、全程、全方位的德育机制和体系。

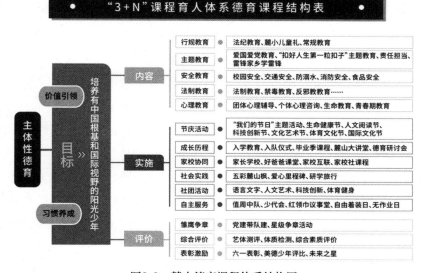

图2-3　麓小德育课程体系结构图

一、思政素养课程，培养国家民族认同

德育对于人的健全品格的培养中包括对人的政治品格的培养，因此，要特别关注人的思想政治素养的培育，这不仅是中国德育工作的特点，而且是世界很多其他国家的德育工作特点。如美国虽然没有专门的道德教育课程，但是其公民教育活动以及"社会科"课程包含了大量的思想政治教育的内容，包括美国的政治制度、联邦历史和州历史、联邦政府的运行等方面。思想政治素养的教育是使人成为一个合格的政治人的重要基础。学校德育工作要使学生深刻理解社会主义政治制度，形成正确的国家观、民族观和历史观，了解我们国家的历史与现状，厚植爱国主义的情怀。通过这种思政课程的启蒙教育，中小学生才能形成坚定的政治信念，养成深厚的爱国主义情怀，引导其形成深刻的民族认同感和国家认同感。

多年来，麓山国际实验小学依托本地本校的思政课程资源，坚持开展思政课程实践，如：依托党建带队建项目，聚焦少先队政治启蒙和价值观塑造的主责主业，突出党团队的血脉关系和红色基因传承，积极搭建平台，做指引学生方向的领航员、塑造学生人格的雕塑家、与学生共成长的追梦人。

同时，学校还创新思政课程的形式与内容，围绕红色热土做文章，开展"讲好红色故事""致敬英雄""行走的队徽"等系列活动，让红色基因在孩子心底扎根，形成了"三育三学、四融五行"的特色。

二、道德品质课程，形成规范规则标准

德育是使人成为真正的人的教育，而这样的人首先是一个具有健全的道德品格及素养的人。因此，德育工作最根本和最重要的使命便是对人的道德品质的培育。这种道德品质培育的核心是培养人的健全道德主体人格，使人能够具有自由自觉的道德意识，从而在复杂、多样的世界中选择正确的价值观及行为，过一种积极、健康的道德生活，形成积极健康的心理状态及精神状态，实现人的道德品质的自主建构和发展。

麓山国际实验小学一直以来积极探索家校联合、校社联合、师生联合、生生联合的交互式立体德育，借助推进以德立人、以礼修身、以爱育爱等丰富多元的德育实践活动，让学生在德育活动的体验中形成自我认识，将德育知识内化成自身的道德规范和行为标准。学校也因此搭建了课程、课堂、教学和活动四位一体的培养学生道德品质的平台，形成了独具特色的德育策略和模式。

（一）以"德"立人，开展分层推进

学校秉持以"德"立人的宗旨，开展分层推进的道德品格教育。在学校层面，创新"集会演讲台"，在班级层面，推行"班会议事堂"，在个人层面，提倡"师生悄悄话"，分层次推进道德教育；在继承与发扬中华传统美德的同时，学校注重对学生现代文明习惯的培养，如开展"高雅从安静开始""弯弯腰是一种美德""敬畏感从仪式中来"等特色活动，促进学生现代文明习惯的养成；麓小儿童礼课程实践，进一步规范了学校常规礼仪教育和品格的形成；"爱心里程碑"项目更是培养了爱心，提升了感恩社会等情怀。

（二）角色扮演，进行自我教育

角色扮演作为常态化的学校德育活动，实施起来最为便捷。教师围绕德育案例或自编德育故事，组织学生进行角色扮演活动。让学生置身于特殊的德育情境中，感受人物的心理变化和折射出来的道德情操，在活动中进行自我教育。

（三）社会实践，实现道德认同

社会实践活动是引导学生实现道德认同的一种有效方式，学生在社会实践活动中往往会产生与课堂学习和校园生活不一样的感受。为了达成这一目标，学校组织学生走出校园，到不同的群体中走访，进行社会服务、岗位体验等，让学生真切感受什么是爱国主义，什么是集体主义，什么是理想信念，什么是文明礼貌。如学校利用寒暑假、双休日，以班或小队为单位，利用各种家校社多方资源，组织学生深入社区、工厂、银行、科研院所等社会场所，开展社会体验和志愿服务活动，从小培养学生健康生活、勇于实践、有责任担当的未来公民素养。

三、人文素养课程，奠定健全人格根基

人文素养是个人成长和发展的基本前提，指的是通过人文学科等知识的习得而形成的一种稳定的修养和品格。人文素养主要包括三个方面的内容：人文知识、人文精神、人文行为。学生人文素养的习得除了来自学科知识方面的学习之外，还通过学校德育方面所涉及的校园文化建设、主题活动、实践体验等人文精神的培养。

因此，学校的德育工作一方面要通过学校德育课程的实施和多种德育活动的开展来传承优秀传统文化，加深学生对中华文化的认同，增强他们的文化自信，提升其文化自尊和文化传承的使命感，培养他们成为具有中华文化修养的

现代人。另一方面，学校文化素养的培育也需要学习近现代自然科学文化知识，吸收和借鉴世界先进文化，增进不同国家、不同民族之间的文化交流、文化理解和文化对话，在多元化的世界中培育当代学生的文化互鉴、文化互赏意识，从而使他们成为兼具民族性与国际性的现代中国人。

以此理念为指引，麓山国际实验小学开设了弘扬湖湘精神的麓山大讲堂，组织学生深入湖湘风景名胜探访，引导他们了解自己所处的湖湘文化历史文化环境，感受、体悟这份深厚底蕴，培养他们热爱湖湘文化的情感，使其在丰富的阅读与实践中自觉传承湖湘文化的精髓，实现学科世界与生活世界、学科意义与生活意义的双向融合，同时提升学生的语文核心素养，实现个体的全面发展。

此外，学校还常态化举办丰厚学生人文底蕴和文化素养的校园文化节，并尝试创新拓展了"做豪迈的中国人"国际研学和丰富多彩的"馆校合作"等美育课程活动，将这些活动整合为学校常态化的人文素养课程，让麓小学子从浓厚的人文气息体验中感受教育活动作为一种生活过程的完整意义，感受到成长的快乐和童年的幸福，为其健全人格的发展奠定坚实的根基。

四、自主性素养课程，培养社会主义合格公民

《国家中长期教育改革和发展规划纲要》中提出："要加强公民意识教育，树立社会主义民主法治、自由平等、公平正义理念，培养社会主义合格公民。"这表明公民教育和自主性素养的培育已经成为我国教育的一项发展战略。国外有一些学校教育在自主性素养的培育上有可借鉴的模式。比如日本从幼儿园开始，就培养儿童顽强独立的精神；到小学，开始注重培养儿童以学校内外的生活经验为基础，对于人与人之间的相互关系建立正确的了解，以及具有合作、自主、自治的精神，并进一步培养国际意识；到了中学，要求增强学生主动适应社会的能力，掌握未来公民所必需的知识技能，具备完整健全的公民素养。

学校作为育人场所，必须认识到学生不仅是学校管理的主体，更是学校的主人。因此，要坚持以学生为中心，服务于学生发展，通过学校的德育课程设计及教学活动实施来促进学生的自主管理，从而让学生在自主管理中理解什么是真善美，塑造学生未来公民社会生活正确的价值观，培养其未来公民的公民意识、公民觉悟和公民能力。

麓山国际实验小学积极创设民主自由、公平正义的育人氛围，规划培养麓小学子自主性素养的相关课程活动，设立了"红领巾议事堂""红领巾智囊团"

等少先队员活动平台，及时收集少先队员的意见和建议，畅通少先队员诉求表达渠道；每年定时召开少代会，民主推选由小干部、普通少先队员担任红领巾小代表，广泛征集提案，同时建立提案回复机制；定期举行"我是麓小小主人"学生座谈会。学校领导和管理团队现场听取学生对学校工作的建议和意见，让学生也参与学校的民主决策，对于合理的建议与决策予以采纳执行。例如：学校根据少先队员的建议和提案，设立了受孩子们欢迎的"无作业日"和"自由着装日"，在运动场增设饮水点等，极大地增强了学生参与学校事务，进行自我管理的积极性。

此外，学校还积极探索自主性素养培养的创新做法，如：充分发挥红领巾值周中队的优势，以中队为单位，对学校日常事务进行管理。学生在管理的过程中体会到遵守规范的重要性，实现了自我反思、自我教育的目的，提高了自主管理的能力。再如：在学校一些人员集中的地段设立红领巾值日岗，由少先队员进行管理并开展文明引导，这既是一种服务，更是一种自我教育……

麓山国际实验小学的各项德育教育和实践活动都强调激发学生养德的积极性、主动性，采取学生喜闻乐见的教育方式，在系列自主探究活动中让他们"认识自我、展示自我、发展自我"，从而实现"自我教育、自我管理、自我服务"，促进学生自主性素养的发展，培养麓小学子成为社会主义合格公民。

五、社会性素养课程，培养责任意识与创新精神

人的发展不仅是个体性的道德品格及精神状态的发展，还是一种社会性的发展。"核心素养"概念也强调人与社会的双向互动关系，强调人的自我实现与社会适应的统一，主张人不仅要适应社会生存，更要实现自身的价值。因此，社会性的发展和教育是使人成为一个良好社会人的重要基础。

学校教育强调教育工作要不断促进人的社会性发展，要求把"个体的社会化"视为教育的重要任务，从而最大限度培育学生的社会责任感，帮助他们形成健全人格，为他们未来顺利融入社会、实现人生价值打下基础。在这样的理念指引下，麓山国际实验小学以社会实践为载体，通过社会适应性训练和创新性的实操演练来培养学生的社会责任感和创新精神，形成了一系列社会性素养实践活动课程。在这些实践活动课程中，逐步培养和提升麓小学子学会学习、健康生活、责任担当和实践创新等核心素养。

学校依托岳麓山的自然资源优势，开发了"五彩麓山枫"社会实践课程，让学生走进社区、工厂、农村，了解社会职业分工，亲历社会各阶层的工作和

奋斗历程，增强责任意识。学生走进福利院和敬老院，感受他人的真实生存状态、喜怒哀乐等，在真实的情感体验中激发出关注他人、关注社会，承担责任的主动性和自觉性。

学校充分利用社会教育资源，积极探索将原来的"春秋游、夏令营、国际游学"等活动系统化、课程化，构建麓小特色的研学旅行活动实践型课程。学校通过组织集体旅行、集中食宿方式开展研究性学习和旅行体验相结合的校外教育活动，重点突出全员参与、走出校园、实践体验，引领学生走进自然、社会，融入生活之中，感知鲜活的社会生活、感悟人生，在活动体验中获得知识和技能，培育发展学生的核心素养。

学校围绕"学会生存，学会关心"的培养目标，将创新教育与劳动教育相结合，在常规教学中与家庭、社区携手开展实施《屋顶农场智慧劳动课程与创新教育》课程，不仅创新了劳动形式和内容，还分学段精心设计适合学生年龄特点的分层劳动课程，让麓小学子在劳动中进行创新创造，提升了学生的劳动素养，发展了他们的潜能，培养了学生的创新精神和实践能力，实现了麓山国际实验小学的全方位育人目标。

第三节　基于核心素养的麓小德育评价实施

2020 年 6 月，中央全面深化改革委员会审议通过了《深化新时代教育评价改革总体方案》（以下简称"《评价改革方案》"），其中明确指出："教育评价事关教育发展方向，要全面贯彻党的教育方针，坚持社会主义办学方向，落实立德树人根本任务……建立科学的、符合时代要求的教育评价制度和机制。"[①] 学校德育评价作为教育评价的重要组成部分，对于改进学校德育工作方法、优化学校德育工作过程、检验并提高学校德育工作成效有着不可替代的重要作用。长期以来，德育评价一直是教育评价与学校德育工作中最薄弱的环节与最大的工作难点。

麓山国际实验小学以学生核心素养的培育为导向，实施开展学校德育评价。并在这一过程中将目标导向和问题导向相结合，既立足于新时代学校德育立德树人、强化政治启蒙和价值观塑造的战略要求，又顺应国际教育评价发展的趋势，还结合了学校自身办学理念与德育目标的设定，遵循学生全面发展成长的

---

① 金东贤、刘新成、何蕊：《学校德育评价改革的若干问题》，《教育理论与实践》2021 年第 10 期。

一般规律，构建起了具有麓小特色的新时代德育评价体系。

一、麓小德育评价的基本内容

学校德育工作的评价内容常规可以从两个层面来做界定。从宏观上来说，学校德育评价是学校整体德育工作的评价，内容包括学校德育工作的领导机制、队伍建设、校园文化、校风学风、保障措施等；从微观上来说，常规指对班级德育工作的评价，内容包括班主任工作水平、班级活动、班风建设等。[①]

麓山国际实验小学将学校德育宏观评价与微观评价内容进行整合优化，明确了以德育工作实施开展过程和对象为主体的麓小特色的德育评价内容。

（一）麓小德育工作及过程的评价

该评价项依据麓山国际实验小学的办学理念、德育工作现状及学生成长发展水平，确定其主要内容包括：学校德育目标的设定是否科学合理有效，学校实施开展的各项德育课程及活动内容是否体现其针对性、科学性和现实性，学校德育过程开展的过程是否具有可操作性、连续性、稳定性和有效性等。

（二）麓小德育工作对象的评价

麓小的德育工作对象主要是麓小学子，对其综合评价的主要依据是立德树人的根本任务及核心素养的内涵要求。因此，该德育评价的内容范畴以"全面发展的人"为评价定位，紧扣"人文底蕴""科学精神""学会学习""健康生活""责任担当""实践创新"这六大核心素养，结合麓山国际实验小学的德育培养目标，评估麓小学子是否具备"自信、自理、自主"能力和"爱心、责任、合作"素养，是否具有全球胸怀和独立人格，是否为其成长为德智体美劳全面发展的社会主义建设者和接班人夯实底蕴，奠定根基。

二、麓小德育评价的实施原则

在新时代要求与教育改革的背景下，麓山国际实验小学遵循"以学生发展为本"的理念，将培养"全面发展的人"作为麓小德育评价的根本遵循，并据此梳理明确了学校德育评价的实施原则。

（一）德育评价人本性原则

人是教育的终极目标，学校德育评价要始终突出人的价值，强调德育评价的最终目的是促进个体最大可能地实现自身价值。

① 金东贤、刘新成、何蕊：《学校德育评价改革的若干问题》，《教育理论与实践》2021 年第 10 期。

因此，麓山国际实验小学的德育评价转变传统的工具价值取向，建立起"以人为本"的德育评价观。其内涵主要为：首先，德育评价的目的不在于学分而在于学生的发展；其次，德育评价过程"以学生发展为本"，尊重学生的合理需求，重视其主体性和参与性；再次，德育评价不是以单纯的测量数字和量表作为唯一的标准依据，而是将学生的全面发展视为一个整体，进行全面完整的评估；最后，形成教育闭环，让德育评价的结果成为促进学生道德与品格发展的动力，从而使德育评价的结果真正彰显出其导向与促进的价值与目的。

（二）德育评价多元性原则

人是由知、情、意、行等多个道德品质要素构成的集合体，这些要素之间会相互作用、相互影响，从而共同形成复杂的道德品格体系。因此学校的德育评价必须依据多元性的原则，从多个层面和维度来实施和开展德育评价。

麓山国际实验小学根据不同的年段、不同层次的学生发展现状，设定分层分龄的评价目标和评价内容，选择不同的评价方法，比如观察记录、成长档案袋、评语评价等，全面考查学生的行为、习惯、情感、责任、态度、情趣、价值观、科学精神与创新能力等道德品格与核心素养。

（三）德育评价开放性原则

道德品格与核心素养的学习过程，不是简单说教和灌输可以实现的，而是通过与他人的交往、和外界的沟通、多种实践活动的参与，才能将习得的外在规范与规则内化于心，并外化为行为与习惯，实现从他律到自律的过程。

麓山国际实验小学依据开放性的德育评价原则，打破以往单一的学校、学科、教师评价的单一模式，突破学校围墙的限制，采取学校德育教师评价结合家长评价，学生自评、互评以及社会评价的方式，使麓小学子的德育评价从封闭走向开放，构建其学校、家庭、社会一体化的德育评价体系，引领麓小学子在个人品德、家庭美德、社会公德、学习能力、创新素养等方面得到全面的成长与发展。

（四）德育评价科学性和有效性原则

德育评价的丰富性和复杂性，决定了学校德育评价必须遵循学生全面发展与成长的客观规律，采取定量与定性相结合的方式，提高评价结果的客观性和真实性，充分体现了德育评价的科学性和有效性原则。

麓山国际实验小学在德育评价实施过程中，依据将传统方法与现代方法相结合的原则，综合运用察言观行、作业评阅、课堂测验、课程考试以及记录学生日常学习生活中所表现出来的真实行为数据等定量评价的方式，提升其精确性；另外，不断与时俱进，采用先进科学技术，依托各种信息化平台，将课内课外、校内校外、线上线下的各种相关数据集中起来，对学生的生活、学习、心理等全面数据进行归纳、整理，挖掘提炼这些数据表达的信息，从而提高学校德育评价的科学性、全面性和有效性。①

三、麓小德育评价的实施策略

在以立德树人为根本任务的新时代教育发展的背景下，学校德育评价必须为人的全面发展提供持续恒久的精神动力。而传统德育评价往往单一地注重道德量化，主要方式为道德等级评定和道德水平测量，是德育结论性的评价。无论是类似"优、良、中、差"式的等级描述，还是"100分、90分、80分"的分值表达，都不够能引发德育对象的情感、意愿、行为的真正变化，更不能为其后续的成长发展提供动力。

麓山国际实验小学在学校自身的德育实践过程中，充分认识到学生的道德成长、素养提升与全面发展，才是学校德育评价的根本出发点，学校德育评价应该是导向、引领、激励式的育人评价，并在不断地探索与实践中形成了麓小特色的德育评价方法与策略。

（一）完善统一学校德育评价指标

目前，国家还没有制定统一的学校德育评价指标。因此，全国各中小学使用的德育评价指标皆为学校根据相关政策文件及自身办学理念自行设定，或相互借鉴，或各自计划，虽然不乏一些科学合理可学习借鉴的优秀经验，但整体呈现出良莠不齐的现象。

麓山国际实验小学在自身的德育实践探索中，依照党和国家有关教育文件精神，以科学性、导向性、适应性、可行性为原则，不断完善丰富并统一学校的德育评价指标。②

如麓小的学风评估指标，即综合评估学生在长期的学习过程中形成的学习风气与学习氛围，旨在考查学生总体学习质量和学习面貌，评估全体学生群体心理和行为在学习中的综合表现。不但要求学校的学风建设能使学生受到潜移默化的熏陶和感染，还能内化为一种向上的精神动力。以此来助推学校建设优良学风，促进麓小学子思想品德、价值观念、行为方式、意志情感的全面成长，还将对他们未来的成长成才及人生发展产生深远的影响。

---

① 陆启越：《德育评价范式：内涵、类型及演变》，《大学教育科学》2021年第1期。
② 金东贤、刘新成、何蕊：《学校德育评价改革的若干问题》，《教育理论与实践》2021年第10期。

（二）建立健全德育综合评价体系

学生的发展是一个整体渐进的过程，包括学生的知、情、意、行、能力素养等各方面的复杂变化，采用单一的方式方法来评价，不能科学地反映学生发展的全貌。所以，必须尽可能收集全面信息，采用多种方式方法综合考查学生。[1]

除了采用传统的操行评语、笔头测试等评价方式之外，麓山国际实验小学还利用成长记录册、日常观察、个别访谈、雏鹰争章、党建带队建等多种方式，并整合学业测评、艺体测评、综合素质评价等内容，对学生的个性、能力、素养的成长与发展进行多维度、多侧面的评价。同时，借助现代信息科技手段，利用大数据测评分析，准确评估学生的优势潜能，满足不同潜质学生的发展需要，帮助他们持续不断地发展。

（三）逐渐转换德育结果评价为过程评价

传统的结果评价是一种静态评价方式，容易导致评价者只关注当下结果而不关注过程的改进与完善，不关注未来的成长与发展；过程评价关注学生的成长过程，把他们的过去与现在进行比较，或者把各类有关侧面进行相互比较，能及时反映他们的成长，使其在发展过程中积极地发现问题，得到激励，从而更好地反思和改进。

麓山国际实验小学在学校德育评价的过程中，尽量改进传统的结果评价方式，逐步采取学业品德能力素养多层面、家校社多角度、自评互评多维度等的评价方式。比如，设立"六一表彰""美德少年评比""未来之星活动"等多角度、多层面指向德育过程的评价手段，让学生了解自己的优势与长处，分析自己的问题和不足，从而真正发挥学校德育评价的正向引导、激励鼓舞的价值功能，让学校德育评价成为学生全面发展成长的不竭动力。

麓山国际实验小学在以核心素养为导向的麓小主体性德育实践中，始终紧跟时代诉求，坚持把立德树人作为根本标准，不断探索，积极突破，使学校德育课程的实施与开展不光服务于学校的德育目标的实现，更以此来引领学校的教育改革与发展，促进麓小学子德智体美劳的全面成长，真正实现"以德为先，五育并举"的新时代育人新理念。

---

[1] 金东贤、刘新成、何蕊：《学校德育评价改革的若干问题》，《教育理论与实践》2021 年第 10 期。

第三章

核心素养召唤下的思政素养培养行动

习近平总书记曾说："要坚持把立德树人作为中心环节，把思想政治工作贯穿教育教学全过程，实现全程育人、全方位育人……"① 这成为大中小学德育工作的基本纲领。因此，学校德育要关注学生的思想政治素养的培育，学校德育工作中对于学生健全品格的培养也包括对其思想政治品格的培养。我们要使学生深刻理解社会主义政治制度，形成正确的国家观、民族观和历史观，了解我们国家的历史与现状，厚植爱国主义的情怀。通过这种政治素养的教育，青少年学生才能形成坚定的政治信念，形成深刻的国家认同感和民族认同感，养成深厚的爱国主义情怀。这无疑是德育工作需要担当的重要使命。麓山国际实验小学在学校的德育教育工作中，充分认识到思想政治素养的教育是使人成为一个合格的政治人的重要基础，结合当代学生核心素养的培养目标，开展了一系列全程、全方位的思政素养培养行动，形成了麓小特色的德育工作品牌。

---

① 詹万生：《如何构建完整的大中小学思政教育体系》，《光明日报》2017 年 3 月 16 日第 14 版。

基于当代学生必须具备的人文底蕴、科学精神、学会学习、健康生活、责任担当、实践创新这六大核心素养，结合《中小学德育工作指南》所提出的"课程育人、文化育人、活动育人、实践育人、管理育人、协同育人"的育人途径，麓山国际实验小学的思政素养培养行动紧扣学校"学会生存、学会关心，做豪迈的中国人"的育人目标，以课程教学和实践活动的开展为载体，厚植麓小学子的爱国主义情怀，引导他们形成民族认同感和国家认同感，进行思政教育启蒙。

第一节　党建引领传承红色基因

2019年，习近平总书记主持召开学校思想政治理论课教师座谈会并发表重要讲话，肯定了新时代学校思想政治理论课建设的重要意义，对广大思想政治理论课教师提出殷切期望。并强调青少年阶段是人生的"拔节孕穗期"，最需要精心引导和栽培。

为贯彻落实培养德智体美劳全面发展的社会主义建设者和接班人的目标要求，麓山国际实验小学党总支坚持党建为引领，积极领航少先队建设，落实立德树人根本任务。麓小作为全国少工委确定的少先队改革试点学校，创新机制，充分发挥少先队在立德树人中的作用，将少先队改革纳入学校党建工作和教育教学总体安排，加强少先队基础建设，尤其注重系统、立体地教育引导少先队员"从小学习做人、从小学习立志、从小学习创造"，不断提高少先队教育的科学化、系统化、专业化水平，突出了思想政治工作的实效性。

一、聚焦主责主业，传承红色基因

对学生进行思想引领和政治启蒙教育，是学校党组织的重要职责。"党建带团建、团建带队建"成为麓山国际实验小学思想政治教育的品牌项目。在规范化、常态化的德育实践中，学校将每年"七一"党的生日作为爱党教育的重要契机，开展"党团队员话成长""红领巾心向党""党员教师给少先队员演绎红色故事"等主题活动；每周一的升旗仪式，学校坚持党、团、队员共同升旗，党员教师对队员在国旗下的讲话进行微点评；组织队员观摩党、团员教师重温入党、入团誓词活动；组织开展"红领巾相约中国梦""传统文化在我身边"主题队会等；十九大前后组织开展"喜迎十九大，我向习爷爷说句心里话"主题活动、"红领巾与祖国同行"小队社会实践活动；清明节期间，开

展"追忆忠孝仁义，缅怀革命先烈"为主题的中队队会。同时引导队员以中、小队为单位，走出校园，关注家乡发展，参与社会实践，开展"变化中的湖南""走进规划馆""长沙的昨天、今天和明天"等主题活动，培养他们的责任感和国家治理意识。

❖ **案例 1：**

党史教育进校园，红色基因代代传

从衰败到振兴中华，历经了 100 年的艰苦历程，回顾历史洪流，奋斗从未止步。

为深入贯彻落实习近平总书记在党史学习教育动员大会上的重要讲话精神，进一步加强我校少先队员的党史学习教育工作，增进少先队员对党史及中国共产党的百年光辉历程的了解。2021 年 5 月 20 日，长沙麓山国际实验小学举行了"学党史 守初心 共成长"系列活动之"长沙市百场党史学习教育进校园"活动。

图3-1 "党史进校园"活动

此次讲座的讲师是市委党校专家、党史学习教育市委宣讲团成员陈果老师。通过师生问答，陈果老师用一个个感人的瞬间、一段段艰辛的故事，讲述着党的百年光辉历程，让孩子从历史中汲取营养，坚定理想信念，传承红色基因，争做新时代接班人。

最后，陈果老师勉励同学："风雨多经人不老，关山初度路尤长。打铁必须自身硬。人间正道是沧桑。"他教育孩子们只要自身本领过硬，迎来的就是在不断上升的"春天"，学好知识，强身健体才是现在每个学生都要做的事。

陈果老师的讲座引发师生的热烈反响，孩子们纷纷上前与陈老师合影留念。身处和平年代，我们将从党史知识、红色故事中汲取属于这一代人的精神养分，增强爱党、爱国情怀。

学生心得：

下午，我们学校组织了学党史的专题讲座，我感受颇多。

中国共产党自 1921 年成立以来，转眼间已经风雨兼程地走过了一个世纪。

感恩中国共产党，为我们创造了一个和平的时代，使我们今天能够高高兴兴地到学校上学，安静地在教室里上课，平平安安地回家与爸爸妈妈一起快乐生活。

感恩中国共产党，让我们生活在这个富强民主的国家里，使我们不再受到其他国家的侵略。

感恩中国共产党，给我们提供了一个能够自由发展的舞台，使我们可以拥有自己的梦想，并能够通过自己的努力实现我们的梦想。

我一定要牢记党的光荣历史，使我有前进的不竭动力；我一定要听党的话，为祖国的繁荣富强贡献自己的力量；我一定要跟党走，为实现共产主义社会而奋斗。

从现在起，我一定要努力学习，从小树立远大的目标，长大后为祖国争光，为祖国人民争光！

（徐妍嫣）

我们党的历史是一部光辉灿烂的革命史，也是一部绚丽壮观的发展史。陈果老师告诉我们中华民族觉醒的历程，带领我们回顾历史，让我们看到了嚣张的侵略者对中华大地的破坏。自 1921 年共产党诞生以来，中国发生了翻天覆地的变化。

如今，我们看到歼-20 在天空中高飞，看到北斗卫星成功组网，看到复兴号跑出 350 千米每小时的中国速度，看到中国经济飞速增长。作为少先队员我无比骄傲与自豪，我们要铭记历史，好好学习，成为国家的栋梁，为祖国贡献自己的力量！

让我们一起实现中华民族伟大复兴的中国梦！

（万洁萱）

学校通过多项目多途径的主题教育活动，引领麓小学生传承红色基因，培养他们的爱党之情，坚定他们的报国之志，从小树立和培养起他们听党话、跟党走，做社会主义建设者和接班人的远大理想。

二、健全体制机制，构建工作格局

为了更好地压实引领责任与实效，学校实行少先队"双主任制"，学校校长、书记同时担任少先队工作委员会（以下简称"少工委"）主任，成立由学校党政领导、大队辅导员、志愿辅导员、家长代表和社区领导以及少先队员代表组成的学校少工委，明确工作责任，构建起学校、家庭和社会三位一体的工作格局。安排党员教师担任少先队大、中队辅导员，建设一支政治稳定、业务精良的专业化队伍。将学校的艺术、体育、科技等科组负责老师聘为少先队特色辅导员，利用他们自己的专长，去服务少先队，带领少先队员开展形式多样的活动。健全运行和决策机制，每学期召开一次少工委会议，总结工作，交流研讨，研究部署学期少先队工作。学校制定了少先队工作制度和表彰制度，保障学校少先队工作正常有效的开展。

图3-2 党总支组织成立学校少先队工作委员会

三、拓展教育平台，培育活动品牌

学校党组织紧密围绕《少先队改革方案》，拓宽多路径的教育平台，带领少先队组织提出并实施了"三创活动"，开展形式多样的思想政治教育和行为习惯养成教育，培育了少先队活动品牌，更好地服务引领麓小学子的健康成长。

一是创建"动感中队"。2017年4月，全国少工委首次提出"动感中队"创建活动的工作要求，学校党总支迅速行动，从"校本文化"、辅导员的"特长擅长"、中队的"家长资源"、队员的"共同需求"四个方面找准"生长点"，努力探究适合长期开展的内容和形式。每个中队围绕践行麓小儿童礼、小书虫爱读书也爱创作、队队有歌声合唱展演、小创客闯关游戏等内容，学生自主选择，活动自主开展，创建了富有活力、感召力、吸引力的"动感中队"。

二是创新**"活动品牌"**。学校的"爱心里程碑"献爱心活动分为"我爱社区"爱心捐赠、"爱心改变命运"街头义卖、"关爱你我他"校内跳蚤市场义卖三个部分,所得善款全部捐献给长沙市青少年发展基金会。利用寒暑假和双休日,以中队或小队为单位,在党员老师、辅导员组织下,学生深入社区、工厂和科研院所等,开展志愿服务活动。这些活动培养了他们的责任担当与爱心意识,取得了良好的社会反响,形成了麓山国际实验小学的爱心活动品牌。

三是创议**"权益服务"**。学校积极创设"红领巾议事堂""红领巾智囊团"队员活动平台,及时收集队员的意见和建议,畅通少先队员提议渠道。每年定时召开少代会,民主推选由小干部、普通队员担任红领巾小代表,广泛征集提案,同时建立回复机制。

四、开设少先队特色课程,丰富情感体验

学校在实施"全面发展、个性鲜明、全球胸怀、独立人格"的少先队课程中,注重挖掘思想政治教育资源,提炼活动主题,以此来丰富学生的情感体验,筑牢学生的理念信念。

一是积极开设少先队组织课程,**感受组织光荣感**。利用节日契机,开展主题鲜明的少先队活动,如入队仪式、传递班牌仪式和国庆节"我向国旗"敬队礼等。仪式教育要组织得更庄重、更神圣、更有感染力,程序、步骤、环节更丰富一些、讲究一些,不能应付、不要随意,仪式必须有敬畏感和神圣感,才能心生感动,引起共鸣。以"队干部课堂"的方式,开辟"少先队标志礼仪我知道"小讲堂,开展礼仪互观互学,加强少先队符号教育。

二是积极构建六大节活动课程,**为学生全面发展提供平台**。党总支将分散的活动系统化,设置了科技文化节、人文阅读节、校园艺术节、生命健康节、体育文化节、国际文化节六大主题文化活动月活动,为学生全面发展提供了平台。

五、创新思政课教学,形成"三育三学、四融五行"的德育特色

多年来,麓山国际实验小学围绕长沙这片红色热土不断创新学校思政课教学形式与内容,开展"讲好红色故事""致敬英雄""行走的队徽"等系列活动,让红色基因在孩子心底扎根,形成了"三育三学、四融五行"的特色。

(一)三育指明学习方向,三学树立学习楷模

青少年是祖国的未来、民族的希望,学校思政教育就是要从青少年抓起,

旗帜鲜明地培养一代又一代拥护中国共产党领导、立志为中国特色社会主义事业奋斗终生的有用人才。对少年儿童进行思想引领，是学校工作的重要职责。麓山国际实验小学坚持用正能量、主旋律积极引导孩子，坚持三育：培育明大德、跟党走的接班人；培育立大志、有理想的追梦人；培育负责任、有爱心的文明人。

不仅如此，学校还倡导三学：向伟人、英雄、榜样学习，树立学习楷模。学校积极开展教研活动，组织学生前往伟人故里韶山，以"敬伟人—寻伟人—忆伟人—学伟人"为主线，寻找伟人足迹，了解伟人事迹。每年清明节前，学校组织开展"缅怀革命先烈、传承红色基因——我们的节日·清明"活动，少先队员前往长沙烈士公园、岳麓山等烈士纪念地开展祭奠英烈活动。多年来，学校还先后组织少先队员代表拜访"共和国勋章"获得者袁隆平院士、航天英雄杨利伟、中国科学院院士谭蔚泓等，让学生学有榜样，从小追求梦想、崇尚奋斗。

（二）四融创新学习形式，五行检验学习成效

在思政课教育教学中，麓山国际实验小学不断创新学习形式，拓宽培育途径，将线上与线下、校内与校外、学习与实践、集体与个体相融合。

在"扣好人生第一粒扣子"主题教育实践活动中，开展线上"红领巾心向党"党史云答题活动，组织全校学生 4 935 人参加，其中 4 782 人拿到了优秀证书。组织线下"学党史 守初心 共成长"系列活动，邀请党史专家、学者进校做讲座，讲述党的百年光辉历程，让学生从中汲取营养，坚定理想信念。

同时，学校组织少先队员积极开展文明劝导等志愿服务活动。在活动中佩戴少先队队徽，亮出身份，并开展"行走的队徽"主题教育实践活动。

学校还组织开展"阅读红色经典，传承红色基因"等阅读学习活动；"新时代好少年·红心向党"征文比赛；演讲、朗诵比赛；"学党史、跟党走——庆祝中国共产党成立 100 周年"主题作品征集活动……形成了学习与实践相融合、集体与个体相融合的良好氛围。

❖ **案例 2：**

弘扬红船精神 争做红色少年

（活动讲稿）

（全景）亲爱的同学们，大家好，我是麓山国际实验小学的辅导员杨霖老师。2021 年是中国共产党成立 100 周年。

（屏幕）习近平总书记指出："百年征程波澜壮阔，百年初心历久弥坚。从

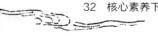

上海石库门到嘉兴南湖,一艘小小红船承载着人民的重托、民族的希望,越过急流险滩,穿过惊涛骇浪,成为领航中国行稳致远的巍巍巨轮。"

(屏幕)大家看,屏幕上这一艘小船,就是习近平总书记说的,嘉兴南湖上的那艘小船。

(全景)今天我们就要在这里,面对着这艘小船重温入队誓词。在活动开始之前,我想先问问大家,你们知道我们今天为什么能够坐在宽敞明亮的教室里学习吗?

(生)是因为中国共产党带领中国走进了繁荣富强的新时代,人民过着幸福安康的生活,国泰民安,所以我们能够坐在宽敞明亮的教室里学习。

(全景)说得真好,历史证明,只有中国共产党才能救中国,才能发展中国,才能强盛中国。那我们又为什么要面对这艘小船重温入队誓词呢?

(播放视频)

(全景)这艘船,别看它小,它可是中国共产党诞生的摇篮。

(全景)在这艘船上,中国共产党召开了第一次全国代表大会。会议从上午11点一直开到傍晚6点,通过了中国共产党第一个纲领和第一个决议,并选举产生了党的中央领导机构,就在这艘小船上,代表们呼出了时代的最强音。

(全景)让我们再喊一遍口号吧:"共产党万岁。"

(老师)会议结束后,代表们先后离开嘉兴,将革命的火种带向了全国各地。这样一艘小船诞生了一个大党。这艘船也因而获得了一个永载中国革命史册的名字——红船。

(播放视频)

(屏幕)2005年6月,我们敬爱的习近平总书记在《光明日报》上发表了名为《弘扬"红船精神" 走在时代前列》的文章,首次提出"红船精神",将其凝练为:开天辟地、敢为人先的首创精神;坚定理想、百折不挠的奋斗精神;立党为公、忠诚为民的奉献精神。并将其定位为中国革命精神之源,党的先进性之源。

(老师)同学们,你们知道吗?

(视频)100年前的中国,战火纷飞,百姓流离失所,过着水深火热的生活,是那些仁人志士最先站了出来,创建了中国共产党,让中国革命从此有了领航人。他们怀揣着坚定的理想信念,惊天动地地划出了革命航船的第一桨。

(全景)今天我们已经进入了新时代,这艘永不停航的小船,继续引领着中国革命、建设、改革的新航向。

（播放视频）

（老师）这些重大科技成果是我们中国人民克服了种种困难自主研发出来的，在多个领域创造了许多世界之最，这也正是红船精神在新时代的体现。

（全景）今天，我们沐浴在党的阳光下，坐在宽敞明亮的教室里，享受着一流的教育，更应该深刻领悟和弘扬红船精神。同学们，你们觉得我们应该要怎么做呢？

（生）作为一名新时代的小学生，我们要牢固树立正确的人生观、价值观、世界观，自觉地把个人的命运同祖国和民族的命运紧密地联系起来。

（生）我们要始终明白自己是红船精神的继承者与发扬者，我们要带好头，从自己做起，从每一件小事做起。

（生）在生活中，我们要养成良好的习惯，孝敬长辈，尊敬老师，团结同学，文明礼貌，积极参与各类社会实践活动。

（生）面对学习上、生活中的困难和挫折，我们要坚定自己的目标，决不轻言放弃，要勇往直前，百折不挠。

（全景）今天我们在队旗下集结，明天我们要跟着党旗奔向新的目标，红船精神不仅属于历史，更属于未来。

（老师）亲爱的同学们，未来是我们的，更是你们的，我们要不忘初心做红船精神的传承人，沿着南湖红船开辟的革命航道奋勇前进，我们要像先辈一样，找准自己的目标，一步一个脚印，勇往直前，为中华民族的伟大复兴而努力奋斗！

（全景）现在，请大家和我一起举起右手，重温入队誓词，我是中国少年先锋队队员，我在队旗下宣誓：我热爱中国共产党，热爱祖国，热爱人民，好好学习，好好锻炼，准备着为共产主义事业贡献力量！

（杨　霖）

学校通过"读红色经典""唱红色歌曲""诵红色诗歌""绣红色军旗""走红色道路"这五个方面的行动，来检验学习成效，让红色基因在孩子心底扎根。

第二节　红领巾课程政治素养启蒙

习近平总书记在中国少年先锋队建队 70 周年的贺信中指出，少先队要坚持开展组织教育、自主教育、实践活动，更好地为少年儿童培育和践行社会主义核心价值观服务，把广大少年儿童团结好、教育好、带领好。这进一步明确了少先队教育肩负着学校实施德育教育的重任。在少先队活动实践及队伍建设工作中，麓山国际实验小学将少先队改革纳入学校工作和教育教学总体部署，更加全面、立体地教育引导少先队员"从小学习做人、从小学习立志、从小学习创造"，提高少先队教育的科学化、系统化、专业化水平。

同时，学校积极整合校内外资源，丰富少先队活动课形式，利用新媒体资源，创新少先队活动课载体，已经初步形成了六大主题鲜明、内容多彩、独具特色的麓小"红领巾课程"，对麓小学子进行了有效的政治素养启蒙教育。

一、红领巾队前教育课程，渗透政治启蒙教育

为了更好地激发少先队员的光荣感、荣誉感，提升麓山国际小学少先队组织的凝聚力与向心力，学校高度重视红领巾入队前的队前教育，将少先队队前教育与一年级常规教育相结合，以队前争章的形式开展；开设队长学校，定期培训学生干部，树立榜样。同时，开通线上队知识微课堂，强化队员意识；要求每一位新队员提交入队申请书以加强队籍管理。针对不同年龄学生的身心特点，少先队知识教育课程目标内容的设定注重系统分层、循序渐进；着力思想引领，力求将麓小学子六年的少先队组织生活，设计安排成一个由浅入深、循序渐进的思想和价值观引导过程、政治启蒙过程。

二、红领巾仪式课程，体验队组织神圣感

麓山国际实验小学的少先队仪式教育不但常规性组织开展，而且特别注重组织过程的仪式感和感染力，程序、步骤、环节都有意识地组织得丰富庄重，从而让学生在庄重的仪式中心生感动，形成自觉。多年来，学校注重以节日节点契机，开展主题鲜明的队活动，如入队仪式、传递班牌仪式和"10.13"建队日主题队会等。2017年6月1日，学校举办了"喜迎十九大，我向习爷爷说句心里话"湖南省2017年庆"六一"主题队日活动暨湖南省"情暖童心"工程启动仪式，面向全省中小学同步进行网络直播，让学生从小感受少先队组织的崇高使命感。

三、红领巾自主管理课程，落实"工作到中队"

麓山国际实验小学的红领巾自主管理课程坚持"以少先队员为中心"和"工作到中队"的工作导向。将少先队工作落实到中队，让中队动起来、活起来、强起来，成为实实在在的"动感中队"，切实增强少先队员的光荣感和组

织归属感。

例如，学校大队部为了将"学会生存、学会关心"的培养目标转化为具体的教育行为，实施了中队轮流值周制度，将学生的事情交给学生自己做，将学生中最难的事情交给学生做，目的是让少先队员在服务他人中锻炼能力，感受责任，学会关心，以此来教育引导孩子，值日就要负责，要有责任心。中队值周是指学校在广泛征求老师、学生意见的基础上，以周为时间单位，每个中队轮流进行管理。每个时间段分解为不同的工作岗位，每个中队的全体学生根据管理的岗位设置，主动申请岗位，在规定的时间到岗工作。中队辅导员和中队长负责协调、检查和督促，少先队大队部会进行全方位检查和评比。一周工作结束，对班级团队进行评价。中队根据评价标准和学生工作过程的跟踪检查，对每位学生的工作做出评价，并将此评价纳入学生的综合素质评价中。少先队员以值周中队为契机，管理他人，更重要的是在管理的过程中，实现了自我反思、自我教育的目的，也使学生的责任意识、自主和关心的意识与能力明显增强。

四、红领巾爱心课程，推动"情暖童心"工程

学校坚持"以爱育爱"，用参加爱心公益活动来潜移默化影响麓小少先队员。学校少先队品牌活动"爱心里程碑"曾获得长沙市青少年发展基金会希望工程表彰。该活动分三个部分：第一部分为"我爱社区"麓山学子进社区活动，组织少先队员到学校附近的社区慰问空巢老人、残障人士等；第二部分为"爱心改变命运"的走上街头义卖报纸活动，主要是组织五、六年级学生参加，活动范围是长沙市繁华的地段，如汽车站、火车站、地铁站等；第三部分为"关爱你我他"校内跳蚤市场义卖活动，组织全体少先队员和教职工团员将闲置的物品（书籍、学习用品、生活用品等）以中队为单位拿到"红领巾跳蚤市场"上进行义卖，所得善款全部捐献给长沙市青少年发展基金会，定向帮扶贫困学生或灾区建设。爱心活动常规化、易操作、有延续，培养了爱心和参与社会、回馈社会的情怀。

五、红领巾体验课程，打造队员成长平台

全国少工委第七届第四次会议提出：要通过实践活动引导孩子观察社会、体验国情。主题鲜明、生动活泼的实践活动，是少先队教育的重要手段，也是少先队教育的重要特色。少先队要努力创造条件，利用好接触社会的各种机

会，引导孩子用自己的"小眼睛"去发现、用自己的"小脑筋"去思考。引导孩子利用一切机会发现社会的真善美，学当小主人，一点一滴积累公共理想。以此为工作遵循，麓山国际实验小学一直积极努力给学生创造更多的实践机会，以"科技文化节""心理健康节""校园艺术节""人文阅读节""体育文化节""国际文化节"为载体，为麓小少先队队员提供艺术、科技和体育等实践平台。在少先队活动课程的支撑下，学校还拓展了多个红领巾成长平台，有红领巾民乐团、红领巾合唱团、红领巾小创客、机器人社团等，同时还创编千字文操、廉洁三字经等，锻炼学生的实践思维能力，让学生从身边的"小道理"感悟国家治理的"大道理"，取得了较好的教育成效和良好的社会反响。

❖ **案例 3：**

请党放心，强国有我
——长沙麓山国际实验小学2020级第二批新队员入队仪式

有一种颜色，飘扬在心中永不褪色，那是红领巾的颜色；有一种光荣，令人激动不已，那是戴上红领巾的光荣。2020 年 10 月 13 日上午，长沙麓山国际实验小学举行了庄严而隆重的庆祝中国少年先锋队建队 72 周年暨 2020 级第二批新队员入队仪式。

伴随着雄壮高昂的出旗曲，大队旗随着护旗手有力的步伐入场，入队仪式拉开帷幕。老队员们行队礼，待入队的学生行注目礼。火红的队旗高高飘扬，指引我们前进的方向。在嘹亮的队歌声中，孩子们站得笔直，小眼睛发着光，脸上洋溢着期待与喜悦。铿锵而嘹亮的队歌，召唤伙伴做好接班人。

图3-3   2020级新队员入队仪式现场

入队不仅是一场仪式，更意味着队员即将肩负更多的责任和使命。我校深

入贯彻落实习近平总书记关于少年儿童和少先队工作的指示精神，并根据上级部门工作部署，坚持分批入队最终实现"全童入队"。

队旗飘飘，童心向党。高年级的哥哥姐姐和第一批入队的少先队员用双手托着鲜艳的红领巾，面带微笑，真诚地为新队员佩戴红领巾，并互敬队礼。这一刻，令人难忘！这抹革命先烈用鲜血染成的红，来之不易。瞧，新队员在火红的队旗下骄傲地挺起胸、握紧拳，跟着大队长曾善美庄严宣誓。

队旗飘飘，鲜艳荣光。来自 2011 班的陈芃霖代表新队员发言，她用激昂的话语表达出对入队的期盼和向往，并立志做最棒的自己。接着，黄斌校长寄语新队员，他向所有新队员表示热烈的祝贺，愿新队员在星星火炬的指引下，在习爷爷的教导下，从小立志，学会做人，全面发展，为胸前的红领巾增光添彩，为学校增光添彩。

队旗飘飘，号声嘹亮。大队辅导员张晋老师带领新队员呼号。队员们右手握拳，眼神坚定，怀揣着梦想和希望，向着神圣的队旗庄严回答："时刻准备着！"这坚定响亮的呼号声响彻校园。我们相信新队员必将不负使命，勇敢追梦，肩负起祖国未来发展的重任。

最后，在铿锵有力的退旗曲中，我们的入队仪式圆满结束。入队是一次自我挑战，更是一次理想起航。相信麓小队员一定会时刻牢记先辈的付出和牺牲，珍惜来之不易的幸福生活，努力学习，做祖国未来的建设者和接班人。

近年来，麓山国际实验小学通过红领巾课程对学生进行政治素养启蒙，教育引导学生传承红色基因，培养学生的爱国情怀，使学生长大立志成为担当民族复兴大任的时代新人。麓小的这一课程设置形成了具有鲜明麓小特色和良好社会声誉的育人新格局。

第三节 国际研学课程做豪迈中国人

当今世界教育领域不可避免地受到全球化的影响。教育现代化发展的大量实证研究表明，教育国际化是教育现代化过程中的一个重要特征。而麓山国际实验小学的教育国际化是学校基于自身发展需求、加深课程改革的自觉行动，也是让麓小学子更好地融入世界、面向未来，成为具有中国情怀的世界公民的积极举措。秉持这一理念，学校围绕"做豪迈的中国人"这一培养目标，立足传统文化的传承，设计组织了常态化国际研学课程，以此实现"创新校园文化发展，培养有根基的世界公民"的文化育人目标。

一、提升国际教育品牌，培育未来世界公民

学校秉持"打开校门办教育"的开放姿态顺应时代发展潮流，加快学校国际化办学步伐，持续构筑"麓山"文化家园。并借助学校在传承中华优秀文化艺术方面的特色和优势，坚持"面向世界、博采众长、发展个性、奠基人生"的办学理念，通过立足本土、整合课程、传承民族精神、加强课程整合、拓展交流平台，为学生提供丰富多彩的学习经历和经验。以持续不懈的努力，不断提升"麓山国际"教育品牌，为每一位麓小学生的幸福人生奠基，为社会培养浸润传统、思维现代、视野国际的世界公民。

二、开展国际研学课程，立志做豪迈中国人

学校与美国、澳大利亚、韩国、新加坡、德国、法国、芬兰和白俄罗斯等十几个国家和地区的学校建立了姊妹关系，利用常态化国际教育交流与合作的优势，组织麓小学子开展"戴着红领巾走出国门"的国际文化艺术交流活动。每一次国际研学活动，均以爱国主义教育为主题，围绕"做豪迈的中国人"的培养目标，关注学生思想和心灵的生长，帮助学生描画好人生底色。一方面积极推动中华文化走向世界，增强中华文化在世界上的感召力和影响力，培育学生的爱国情怀；另一方面积极学习借鉴国外优秀文化成果，广泛参与世界文明对话，促进文化相互借鉴，共同维护文化的多样性，培养学生的多元文化意识，让红领巾飘过的地方播撒下中华文化的种子。

❖ 案例 4：

国际研学日记之一：

在白俄罗斯首都明斯克，收获经历，体验成长

2017 年 11 月 4 日，"文明小大使"交流团乘车离开莫言廖夫市，来到白俄罗斯的首都明斯克。在这里的三天行程中，我们参观了巧克力工厂、中白工业园，游览了古城区、眼泪岛的美丽风光，欣赏到世界一流水平的马戏表演和海豚表演。更重要的是，我们还在博物馆了解历史，在科技馆走近科学，在保龄球馆亲近体育。白俄罗斯卫国战争历史博物馆共有 25 个展厅，陈列着 13.25 万件照片和文物，这些展品集中展现了白俄罗斯军民在 1941—1945 年间抗击德国法西斯的悲壮历史。在讲解员的引导下，我们学习了白俄罗斯的历史，了解到战争给白俄罗斯人民带来的伤痛。

11 月 5 日下午，我们来到位于明斯克市中心的量子科学博物馆，体验了各

种科学互动游戏，学习了有关简单机械、光学、力学等方面的知识。特别吸引人的是化学实验馆，我们在这里看到了各种各样的神奇的物质变化，就像来到了魔幻世界。你见过在保龄球馆上的体育课吗？"文明小大使"在明斯克就经历了一回。我们不仅学会了怎么玩保龄球，还获得了白俄罗斯朋友颁发的水晶奖杯呢！

图3-4　"文明小大使"白俄罗斯交流合影

11月6日，"文明小大使"受到白俄罗斯对外交流协会主席的邀请，在中国大使馆参加了表彰会。会上，主席赞扬了"小大使"在白俄罗斯的优秀表现，并授予每个孩子"中白友好交流小大使"荣誉证书。麓山国际实验小学副校长柏山树在会上总结发言，他说，此次友好交流活动获得圆满成功，愿中白两国共同繁荣，友谊长存。会后，"文明小大使"一行乘机离开明斯克，回到北京。再见明斯克，再见白俄罗斯，再见中国人民的好朋友！

国际研学日记之二：

新加坡研学旅行小记

麓山国际实验小学六年级暑假"研学旅行"在师生共同的期待中拉开了序幕，这次研学旅行的目的地是新加坡。

"读万卷书，不如行万里路"，学生处沈毅主任在开营仪式上表示，此次研学将持续关注新加坡这座"花园城市"沉淀的文化与教育，其中包括深入当地学校进行跟班学习，走进唐人街了解华人创业历史，参观科技馆和大学等实践活动，希望这种"从玩中学"的学习方式能够帮助孩子们初步形成自主独立的认知，实现孩子全面、健康、可持续的发展。

新加坡地处赤道，四面环海，国土面积仅有七百多平方千米。新加坡为解决土地和水资源问题，实现资源独立和自给自足，探索出了一条"从无到有"之路。

研学第一站，师生围绕水之"源"，实地探访新加坡水资源永续展览馆和新生水厂，完成一次"可持续发展的生存体验"。

滨海湾大坝是新加坡实现"向天要水"的关键工程。映衬在蔚蓝色天空之下的大坝宏伟而壮观，这座集防洪与集水功能于一体的堤坝横跨在展览馆与中心小岛之间，成为海水与集水区一条重要的分界线。这样"滴水不漏"的设计成功地解决了新加坡 10% 的水资源供给，也巧妙地避免了水灾的风险。澄澈清亮的海水在给孩子们带来视觉冲击的同时也让他们深刻感受到了新加坡人民"学会生存"的智慧。

为了了解新加坡水资源自给的另一主要途径——新生水，孩子们走进了新加坡新生水厂，进行实地考察体验。新生水，顾名思义是将污水进行处理，实现循环利用。孩子们却对此心生疑惑：生活污水掺杂了许多细菌和杂质，这样的水即使再怎么处理，能达到饮用水的标准吗？会不会很难喝？究竟是怎样的高端技术能够做到这点？我们也可以借鉴并引进这样的技术，实现水资源可持续发展吗？新生水厂给了孩子们最详细的解释。两个半小时全程英文讲解，孩子们跟随解说员分步了解了污水转化为新生水的全过程，体会到处理过程的细致以及科技的进步赐予这个国家的财富。孩子们欣喜地享受着新生水厂生产的高于国际饮用水标准 50 倍的纯净水，同时纷纷在游学日记里记录了珍惜水资源的感触和致力于实现资源再利用的梦想。

参与国际研学课程的麓小学子在主动参与、主动探究的过程中，培养了用历史的眼光、发展的眼光、全球的眼光看问题的科学思想方法和交流、沟通、合作的技巧。这一过程激发了麓小学子热爱祖国、热爱生命、热爱自然的情感，在发展他们国际视野的同时，传承了中华民族精神、培养了民族自尊，在帮助其理解麓小文化的基础上，厚植麓山文化，积聚中国情怀，让他们从小立志做面向未来的豪迈的中国人。

麓山国际实验小学紧扣培养"全面发展的人"的核心素养，以党建引领、红领巾课程、国际研学活动为内容所实施开展的思政素养培养行动，培育了麓小学子的政治认同、科学精神、法治意识和公共参与意识，引导他们形成了深厚的民族认同和家国情怀，坚定了他们做社会主义接班人的理想信念。

第四章

核心素养召唤下的道德品质培养行动

德育的本质是对人道德品质的培养，它包括道德主体的品质品德和行为实践。无德育，则无教育，德育作为教育的重要组成部分，人格品质等品德教育是整个教育内容的核心和重中之重，中小学德育更是整个教育活动精神本质的实现。[①] 面向 21 世纪的学校德育工作，需要自觉地将培育人的道德品质作为工作重点，通过德育课程的设计和德育活动的实施来培养学生健全的道德主体人格，使他们成为具有自由自觉的道德意识的道德主体，从而在复杂、多样的世界中能够选择正确的价值观及行为，过一种积极、健康的道德生活，形成积极健康的心理状态及精神状态，实现他们道德品质的自主建构和发展。

麓山国际实验小学的德育工作坚持核心素养导向，依据学生终身发展和社会发展的需要，重视学生必备品格和关键能力，注重在行为实践中培养培育学生的品质品德，体现了德育工作独特的育人价值，实现了核心素养理念下的道德素养培养目标。

---

① 檀传宝：《学校道德教育原理》（第 3 版），北京：教育科学出版社，2015 年。

麓山国际实验小学在立足自身实际的基础上，以落实立德树人为根本任务，以学生核心素养的全面养成和道德品质的培养为目标，在聚焦现实、问题导向、价值引领的基础上，不断创新育人模式，探索实践充满生机活力的道德品质培养行动，形成了符合教育规律和学生身心发展特点的麓小道德素养培养模式。

第一节　以德立人树楷模典范

2000 年 12 月，中共中央办公厅、国务院办公厅在《关于适应新形势进一步加强和改进中小学德育工作的意见》中明确指出："面对国内外形势的新变化、教育改革与发展的新任务和青少年思想教育工作的新情况，中小学德育工作还很不适应。"突出表现在：重智育轻德育，一手硬一手软的现象依然在一些地方和学校严重存在；德育工作不适应青少年学生身心发展的特点，不适应社会生活的新变化，不适应全面推进素质教育的要求，方法与手段滞后，针对性和实效性不强；重课堂教学轻社会实践，重校内教育轻校外教育的倾向比较严重……

以往的德育教育往往以灌输与说教为主，使本来应当是充满活力和魅力的德育，变得枯燥无味，令学生厌烦。要知道最好的教育永远是真实的教育，道德教育的内容距离学生越远，其可信度就越小，其可行性也就越低。德育必须源于生活。生活的楷模典范，就是学生喜闻乐见的最鲜活的德育素材，通过来源于现实的认知与体验，唤醒学生的现实感，从而引导和发展他们的态度、情感、信念、自尊及情绪，实现其道德品格的塑造与培养。

正是基于以上认识，麓山国际实验小学通过分层设计的道德品格培养行动，让麓小学子在各种现实的体验与实践中，发展和形成了自我主体的道德品格。

一、学校道德教育——集会演讲台

学校层面的道德教育因为受众范围大，所以就必须要选择一个相对集中的形式开展。而学校层面的道德教育最好的形式便是每一周的升旗仪式。在升旗仪式的过程中让学生感受当今美好生活的来之不易，让他们形成强烈的爱国情怀。

在升旗仪式结束的时候，由学校领导、教导主任或者辅导员进行演讲，每周更换不同的主题进行主题式演讲，对学生进行道德教育，让他们在每周的升旗仪式之中获得人生哲理的启发。

❖ **案例 1：**

少先队"致敬先锋"主题队会活动讲话

亲爱的少先队员们：

病毒无情，但人间有大爱。这些逆行者的背影温暖了我们国家的每一个人。

今天，我们以少先队的名义，致敬先锋，致敬民族脊梁。他们的名字就是勋章，值得每一个中华儿女铭记。正是因为有了钟南山、李兰娟和一大批医护人员，才使得我们对打赢这场战役更加有信心。

最近几天，这样的一段话感动了无数人，让人泪目。"哪有什么白衣天使，不过是一群孩子换了一身衣服，学着前辈的样子，治病救人、和死神抢人……"一个个坚守岗位的白衣天使，一队队临危受命的"最美逆行者"，他们舍小家为大家，用实际行动诠释着何为医者仁心。他们放弃了与家人团聚的时光，迎难而上，走在防疫第一线，面临着超负荷的工作和被传染的危险，在疫情面前，他们有着一颗无价的大爱之心。

少先队员们，我们也要自觉担起社会责任，正确认识困难，要有坚忍不拔和勇于斗争的精神。在这场战役面前，我们要勇于担当，知行合一，不为抗疫添乱，积极传播正能量，为打赢这场"抗疫"大战做出少年儿童应有的贡献。同时，我们要再次致敬先锋，向他们学习，他们才是我们真正的偶像，他们才是我们时代的英雄。

（龚拥军）

二、班级道德教育——班会议事堂

每个班级利用每周的主题班会时间进行班级层面的道德教育，班会主题的选择就和最近班级中发生的一系列事情息息相关，每个班根据需要选择相关主题。与此同时，教师应该利用每周的班会时间充分了解班上学生的一些想法，让他们在班会课上畅所欲言，充分了解学生的发展需要，以需要为依托对他们进行道德教育。

主题班会、队会也是学生进行德育教育，渗透核心素养的良好时机。各班级一般都会根据自己学生的需要和培养目标，设计一些具有学校特色的社会主题。学生在自主选题和进行实践、展示的过程后，可以对自己的社会责任进一步了解，在班会、队会的展示中可以形成自尊自律的好品德，并养成良好的文明礼貌；教师引导学生对他人的展示要报以鼓励和中肯的建议，并使学生学会诚信友善、宽以待人；在主题班会、队会中，教师也可设计展示孝道和尊敬长辈的过程，使学生形成感恩之心；同时，教师也可以在班队会中展示学生参加过的热心公益活动和志愿服务的过程，使学生尊重每行每业。在此实践活动中还可以促进团队的协作和互助精神的培养，使学生能主动承担责任，尽职尽责地帮助他人，对自己和他人负责。教师还要引导学生尊重自然，以绿色生活方式和可持续发展的理念进行学习，并带动家人一起行动，形成"小手牵大手"的良好局面。

❖ **案例2：**

在"喜迎十九大——我是光荣的少先队员"
主题队日活动上的讲话

各位辅导员老师、小朋友：

大家好！

为迎接党的十九大胜利召开，同时为庆祝10月13日这个光荣的日子——少先队建队纪念日，我们隆重集会，举行"喜迎十九大——我是光荣的少先队员"主题队日活动。一、二年级有146名同学将光荣地加入中国少年先锋队，成为一名少先队员。首先，我代表全校的老师向今天入队的新队员们表示衷心的祝贺！

红领巾是我们的标志，它来自五星红旗的一角，因为你们是我们祖国的未来。当你们每天来上学的时候，一定要先戴好红领巾，只要你还没有离开我们的校园，你的红领巾不要摘下来，它将陪伴着我们每一个队员一起学习生活、成长做人。好好地爱护我们的红领巾吧！队员们，星星火炬旗是我们的队旗，火炬象征着光明，五角星是五星红旗上的一颗。

愿你们像入队宣誓的那样，好好学习、好好锻炼，学会做人、学会合作、学会生存，多为他人着想，多为集体着想，在少先队组织中历练，为胸前鲜艳的红领巾增添光彩，为我们学校增添光彩，个个成为闪亮之星。

今天还没入队的小朋友，也将会分批入队，我们也一定要做到在学校里做个好学生，在家里做个好孩子，将来在社会上做个好公民，争取早日入队。

同学们，麓山国际实验小学为你们创造了一个学习和生活的乐园，你们的身影让我们学校充满生机和活力！你们像一朵朵含苞待放的花朵，像一棵棵刚冒出头的小草，在阳光普照的美丽的麓山国际实验小学成长、绽放！未来在召唤着你们！

在此，学校要衷心感谢各位老师为了孩子的健康成长而辛勤工作，也诚挚地希望辅导员们一如既往把爱心和热心献给孩子，和孩子一道成长。

谢谢大家!

（龚拥军）

三、道德教育——师生悄悄话

针对个人的教育，麓小主要是通过教师单独找最近表现不佳的学生谈话，或者是学生自己找老师讲，以及学生之间的单独沟通。开辟师生悄悄话信箱，悄悄话交流时间充分发挥教师对学生独特个体成长发展的引导与影响，促进学生的道德发展。与此同时，也要通过教师自身的魅力让学生对"下课来我办公室"不再产生畏惧。

❖ **案例 3：**

无声的智慧

"满腔热情成就千秋万代，毕生心血只为立德树人。"这是每一个平凡的老师的追求。回顾我的教育生涯，我看到的是深深浅浅的脚印，大脚印是我的，小脚印是孩子们的，脚印里隐藏着故事，诉说着真情，蕴含着心灵的慰藉，更记录着孩子们与我一起跌跌撞撞却又踏踏实实、蓬勃成长的点点滴滴。

在一开始的跌跌撞撞中，我的小留言成为促使学生成长的一种无声的鼓励！下雨天的文体课前，我会在黑板上写道：轻轻踩过水面，是你们最美的弧线！有学生发脾气不肯上体育课的时候，我会事后在他的作业本里夹张小纸条：今天发脾气有点任性了，在集体活动中要顾全大局哦！一个调皮的小孩犯了错进办公室找我，竟然慎重地轻轻关上办公室的门，于是我在他的日记本上这样写道：还记得今天进办公室时你轻轻关门的动作吗？为他人着想的你，给了老师惊喜！

这些小细节，看似不起眼，却告诉学生，你们的一举一动，都成了老师的牵挂、老师的忧乐。时常，面对学生成长中的复杂与困惑，我感觉自己是多么脆弱和渺小，唯有无声的唤醒，静静地等待！

在一年级第一学期，一个小男孩因多次出手打伤人，加之父母态度不好，导致其他家长向领导反映，要求其退学。最终，我硬着头皮为我的学生争取到最后一次改正的机会，但这次我感觉到了无比凝重和担忧。于是，我提笔给孩子写信，在信中，我告诉他：

生命中能够与你一起度过六年时光的人并不多，一定要学会珍惜生命中的这些朋友。

如果你退学，麓山这个熟悉得充满温度的地方将不再属于你，甚至，你连踏进学校的权利都没有了，那时候，你会很不舍，你会对打闹感到厌倦，你也会对自己的行为感到后悔。

以后和同学有纠纷的时候，请记住：学着用动手以外的其他办法解决；主动说对不起，先从自己身上找原因，即使是别人错了，那么你的大度也将收获别人对你信任和崇拜！

现在，如大树般为你撑起保护伞的爸妈，因为你非常脆弱和无助。爸爸妈妈还有你自己都需要你的帮助，希望你能像爱爸爸妈妈和老师一样去爱你的同学，和爸妈一起加油！

孩子的妈妈在收到我的信之后，打电话给我，哭着说她和孩子把我的信反反复复读了十几遍才敢给我打电话，之前确实对孩子大意了，觉得孩子犯点错无所谓，看到老师对孩子如此尽心，真的很惭愧，假期一定会好好引导孩子。

用心，可以唤醒孩子，激发他们内在的潜能，承续最初的真善美，使他们成为有胆有识、正直善良的人；用心，可以唤醒家长，使家长明白，祖国的未来在于孩子，孩子的成长在于家庭！用心，也终究会等到花的绽放！

慢慢地，这个孩子不再动手打人，现在的他，爱阅读，善表达，还参加了学校民乐团，他的学习生活很充实、很愉快，打人已成过往。有些事情，做和不做，怎会一样？再看看班上其他的孩子，曾经作呕装病要回家的孩子，习惯了寄宿，爱上了写作；曾经捶胸顿足不读书的孩子，进入了美术尖子班，乐在其中；曾经哭哭啼啼的女孩子，在运动会上风姿飒爽，夺得了短跑金牌。女孩子成了我的贴心小棉袄，在文艺道路上越走越好，男孩子思维更加活跃，奥数成绩斐然，足球、篮球等运动也成了他们的最爱，男孩子的阳刚之气也越来越浓。在陪伴学生成长的过程中，学生与我的情感也越来越浓。

由此，我也深深地领会到儿童心理学家皮亚杰说的那句话：如果没有情感的沟通，智慧的交流是无法达成的。世界上最难丈量的不是空间距离，不是时间距离，而是彼此的心灵距离。

在教育的路上，我还不太清楚究竟什么是成功，什么是骄傲，但我深刻地感受到了什么是满足，什么是感动。我时常记起这样一句话：与其说我做了一辈子教师，还不如说我一辈子学做教育。这无声的激励、无声的唤醒、无声的绽放，正是我现在和将来孜孜以求的教育智慧！

（游 恋）

崇高精神的培养需要榜样典范的引领。麓山国际实验小学通过学校、班级

以及班主任全方位多层面的引导教育，在日常的学习生活中关怀他们习惯的养成、品格的塑造、心灵的成长，通过致敬楷模、树立典范，激励和鼓舞麓小学子学习良好的道德素养品质，润物无声地培养了他们的责任与担当意识。

第二节 以礼修身塑文明习惯

《新时代公民道德建设实施纲要》指出，要把社会公德、职业道德、家庭美德、个人品德建设作为着力点，鼓励人们在社会上做一个好公民，在工作中做一个好建设者，在家庭里做一个好成员，在日常生活中养成好品行。[①] 这体现了国家对德育工作的宏观要求，也体现了新时代对于德育对象的目标期待。

麓山国际实验小学在学校德育体系建设中，以国家的德育方针为指引，将国家德育精神进行理解、内化，与学校自身的育人理念目标相融合，并将其付诸学校的德育实践，在学校养成教育的基础上，注重对学生现代文明习惯的培养，积极探索"麓小儿童礼"的德育课程，以礼修身塑造学生的文明习惯，实现了学校课程育人的崇高使命。

一、"麓小儿童礼"课程的实施开展

"礼"的核心精神是"敬"，只有内心怀着"敬"才有真正意义上的"礼"。麓山国际实验小学结合自身地域文化特色和育人目标，把"礼"的精髓"敬"融入学生一日常规的各种"规范"之中，编写了《麓小儿童礼》校园礼仪规范。

（一）打造麓小礼仪育人环境

在文明礼仪教育过程中，良好的育人环境发挥着非常重要的作用。学校在文明礼仪教育过程中特别注重文明礼仪文化氛围的营造，让学生在环境中得到文明礼仪的熏陶，受到潜移默化的影响。首先，我们在校园里营造出一种文明、雅致、礼让、谦卑的礼仪之风；其次，校园里还根据学校文明礼仪教育的基本要求进行了整体布置，进行文明礼仪宣传，如张贴了文明礼仪相关图片、文明礼仪日常用语等。学校在校园里张贴了一些醒目的标志和标识，督促学生养成文明礼仪好习惯，比如为了提醒学生"我文明，靠右行"，学校在楼道上

---

① 中共中央、国务院：《新时代公民道德建设实施纲要》，2019年10月。

画出醒目的上下楼梯分界线等。另外，各班也进行了以"麓小儿童礼"为专题的班级文化建设，教师在教室张贴《麓小儿童礼》具体内容，张贴文明礼仪小故事、儿歌和童谣等。总之，让学生目之所及都能受到"文明礼仪"的教育，得到"文明礼仪"的熏陶。环境礼仪与学生行为礼仪有机地融合在一起，将对学生文明礼仪教育起到润物无声的化育作用。

❖ **案例4：**

《麓小儿童礼》主题班级文化建设方案

一、活动目标

借《麓小儿童礼》发布之机，在全校掀起学礼、行礼的氛围；通过班级文化建设潜移默化的影响，对学生进行春风化雨、润物无声的礼仪教育。

二、活动要求（检查内容）

围绕"礼仪"（向国旗敬礼、问候礼、课堂礼、敲门礼、课间礼、两操礼、合作礼、就餐礼、就寝礼、环保礼、放学礼……）这一主题，采用丰富多样的形式，对环境进行布置。

1. 卫生角、图书角：要求卫生工具摆放整齐，图书角有积极健康向上的书籍供学生阅读。

2. 用好"张贴栏"：主要用于规范张贴学生操行评比、课程表、作息时间表及班内各项工作安排表、制度等内容。

3. 桌椅：课桌整齐、整洁，桌面干净无乱刻画；桌面书籍摆放整齐，抽屉里面清洁卫生；走廊干净，书柜进行个性化布置。

4. 其他：国旗、校训、《中小学生守则》、队角、雨衣晾挂区规划……

三、板块设计参考

1. 硕果累累（学生荣誉榜）

2. 班级公约（学生每天应该做什么，不应该做什么）

3. 我们的目标（让学生写下心中的目标，鼓励他们朝着目标努力）

4. 书香小屋（创建班级图书馆，可张贴读书名言）

5. 环保园地（围绕"环保礼"进行布置）

6. 班级展示栏（展示学生活动照片，让他们记住自己的风采）

7. 班务栏（班委会成员名单、课表、清洁表等班级信息）

8. 星星之火（班级之星、进步之星，树立榜样，激励大家）

9. 心语星愿（学生释放压力、表达心愿）

10. 我们的约定（常规习惯，包括倾听、发言、阅读、卫生等方面的约定）

四、检查评比

1. 时间：9 月 27 日

2. 宗旨：不主张奢华，不赞同铺张，建议全员参与，动手创作，让班级文化建设成为展示学生才华的舞台，又让学生从班级文化中得到熏陶，让班级文化真正服务于学生的学习与成长；采用不伤害墙体、方便拆卸的方式。

3. 评比：最美班级年级 30%　一等奖 35%　二等奖 35%

4. 评委：学生处、教务处、年级组长

5. 数据统计：蔡东阳；复核：唐娜

6. 评委打分表：

<table>
<tr><th colspan="8">2021-9 班级主题文化建设评委打分表</th></tr>
<tr><td rowspan="2">班级</td><td colspan="2">环境卫生（3分）</td><td colspan="4">文化建设（紧扣主题，重点突出7分）</td><td rowspan="2">得分</td><td rowspan="2">获奖</td></tr>
<tr><td>走廊1分</td><td>教室2分</td><td>礼仪2分</td><td>推普2分</td><td>环保2分</td><td>其他1分</td></tr>
<tr><td></td><td></td><td></td><td></td><td></td><td></td><td></td><td></td><td></td></tr>
<tr><td></td><td></td><td></td><td></td><td></td><td></td><td></td><td></td><td></td></tr>
</table>

五、分享学习

1. 各年级举行班主任沙龙，分享班级文化建设经验；

2. 现场观摩学习；

3. 学校微信公众号推送最美班级风采。

长沙麓山国际实验小学学生处
2019 年 9 月

（二）编写《麓小儿童礼》读本

《麓小儿童礼》读本是学校文明礼仪教育的重要载体，它明确了文明礼仪教育的方向。有了这个礼仪规范，老师指导学生进行文明礼仪习惯有了统一的内容，学生学习校园文明礼仪有了规范的读本。家长也可以借此配合学校进行监督和提醒。《麓小儿童礼》读本的语言简洁明了，既朗朗上口，又好读易记，学生反复读诵几遍便可了然于胸。

❖ **案例 5：**

麓小儿童礼

【**问候礼**】

要求：与人见面　主动问好　行礼微笑　讲究礼貌

口令：

入校——老师，您好！（敬队礼）　同学，你好！

见面——老师，您好！（敬队礼） 同学，你好！

道别——老师，再见！（敬队礼） 同学，再见！

【集会礼】

要求：参加集会 保持安静 严肃认真 互动回应

口令：

整队——师：立正！ 生：正！

师：向右看齐！ 生：齐！

师：向前看！ 生：看！

师：稍息！ 生：息！

师：向右 / 后 / 左转 生：1、2！

路队——一条直线，手放两边，纹丝不动，眼看前方；手拉手，齐步走！

【课间礼】

要求：课间十分钟 请勿追跑 轻声慢步 文明记牢

口令：轻声慢步 放松远眺

【课堂礼】

要求：入座即静 专注倾听 认真思考 大胆提问

口令：

课前——师：上课！ 生：坐正！

师：同学们好！ 生：老师，您好！

下课——师：下课！ 生：起立！

师：同学们再见！ 生：老师辛苦了，老师再见！

1、2、3、4、5、6、7！桌子椅子摆整齐！

弯弯腰，捡纸屑！

1、2、3！快站好！

【就餐礼】

要求：文明用餐 洗手在先 安静有序 力争光盘

口令：吃饭前，先洗手；食不言，要光盘

【卫生礼】

要求：爱护环境 垃圾入桶 分类投放 共创美好

口令：让我们到过的地方——变得更美好！

【两操礼】

要求：动作规范 做好两操 强身健体 展现风貌

口令：

眼保健操——头正身直脚放平！身心放松护眼睛！

课间操——动作规范，精神抖擞！麓小榜样，闪亮！

【放学礼】

要求：放学时间 挥手离校 路队整齐 安全重要

口令：1、2、3！快站好！手拉手，齐步走！

师：同学们再见！　　　　生：老师再见！

（三）录制《麓小儿童礼》视频课程

"一切德育皆课程。"文明礼仪教育本身应该是学校教育的重要课程。也只有把对学生的文明礼仪教育规范成课程，礼仪教育才能真正规范化、系统化。教育小学生，与其说给他听，不如做给他看。对于小学生文明礼仪教育，最好的方式就是榜样示范。

把《麓小儿童礼》中的各项礼仪，制作成礼仪视频教程，包括场景再现、动作示范、语言解说，是给学生文明礼仪教育最好的教材。升旗仪式上，如何着装，如何注意表情、动作，庄严肃穆地向国旗敬礼，我们制作了"爱国旗礼"视频课程；每天清晨，在校门口遇到老师怎么礼貌地打招呼，我们制作了"问候礼"视频课程；上课铃响之后学生如何静候老师的到来，老师到来之后如何与老师行礼问好表示恭敬，回答问题时如何轻声起立响亮作答，如何跟团队成员合作进行讨论，我们制作了"课堂礼"视频课程；下课了，如何做好课前准备，如何跟小伙伴文明地开展课间游戏，"课间礼"视频课程让学生一目了然。"两操礼"视频课程给孩子们清楚地示范课间操、眼保健操怎么做，"集会礼"指导学生文明、有序地集会，"就餐礼"指导学生安静、文明地就餐，还有"环保礼""放学礼"等。视频课程具体直观，演示规范，易懂易学，它是老师进行文明礼仪习惯养成教育的第一手教学资料；它规范了学生一日常规礼仪行为，避免了礼仪教育的随意性、零散性；它也方便家长配合学校进行协同教育。视频课程不仅给全体学生示范了每一项文明礼仪的表情、动作，更示范了每项礼仪背后的敬意与真诚，让学生接受中华传统礼仪文化的熏陶。

（四）设计"麓小儿童礼"礼仪铃声

《孝经》上说"移风易俗，莫善于乐"，用以说明儒家喜欢用"乐"来教化人。一个人的情感在听音乐的愉悦过程中会自然而然地被改变。儒家认为，涵养一个人心性最好的办法就是听德音雅乐。一个人长时间接受雅乐的熏陶，心态一定会变得越来越平和。学校利用"乐"独特的育人功能进行文明礼仪教育，把学校的铃声、音乐和礼仪提示语结合起来，录制成了"礼仪"铃声。比如"下课礼仪铃声"，除了提示学生下课时间到了，还让学生听到活泼明快的课间活动音乐，同时还有温和的提示语提醒学生课间要注意活动安全、游戏文明等。比如"就餐礼仪铃声"，除了提示学生就餐时间到了，还让学生听到舒缓身心的音乐，同时温和的提示语还会提醒学生就餐之前先洗手、文明取餐、安静就餐、细嚼慢咽、力争光盘等就餐礼仪。"午休礼仪铃声"让学生在得到午休提示后，随着轻柔的乐音和老师温言软语的抚慰，轻轻地闭上双眼，安静地休息；"礼仪放学铃声"让学生在告别意味的乐音中，在老师亲切的道别声中挥手道别。这样的"礼仪"铃声天长日久地给孩子美的熏陶、善的提醒，孩子的心性渐渐被涵养，温馨的礼仪提示语也将渐渐内化成学生的一种行为，并成为他们难忘的生命记忆。

二、《麓小儿童礼》课程的实践要点

活动实践型课程的开展必然涉及活动型课程背景下的教学设计，而教学设计中的实践策略与要点，对达到活动实践型课程所要实现的结果具有关键作用。

（一）开设礼仪实操课，形成学生礼仪自觉

为了让学生"知其所以然"，学校开展了一系列活动，让学生在亲身体验中感受和体悟其中的精髓和道理。学校还组织了以打造文明礼仪精品实操课为目的的专题德育研讨会。各年级组充分利用《麓小儿童礼》校园礼仪规范、《麓小儿童礼》视频课程等校本课程资源，结合学生养成教育重点，选择某一项礼仪教育作为研讨内容，通过集体研讨，反复研磨，打造出了适合本年级学生认知特点的，有指导性和推广性的礼仪精品实操课。实操课包括教学设计、教学PPT。德育专题研讨成果展示会上，学校组织各年级进行礼仪实操课展示、评比。实操课上，老师通过创设情境，让学生充分了解各项礼仪的意义、感受礼仪的高贵美好，也强化了礼仪行为。礼仪实操课老师在同一个年级的各班级进行巡回授课，对同一年级的学生普及某一项礼仪。老师们精心打磨的礼仪实操课还将一级一级往后传承，比如某一节适合五年级的礼仪课，这一届、下一届、下下届的五年级学生都可以进行学习。这样，礼仪实操课将在老师的教学实践中不断被打磨、被优化，同时被传承。当学生明白了礼仪的由来，理解了礼仪的意义，践行礼仪就变得更加自觉、主动，更容易变成内心自觉的、高贵的选择，而不仅仅是学校的要求。礼仪实操课是学生实践"麓小儿童礼"的基

点。从这个基点出发，学生将真正把对礼仪的敬畏内化为一种认识，外化为一种行为，落实到学习生活中的方方面面。

（二）展示礼仪操，强化校园礼仪行为

礼仪实操课让孩子们从内心敬畏礼仪，从行为上习得礼仪方法。如何让孩子们将习得的礼仪行为通过反复训练得以强化呢？学校组织了班级礼仪操展示活动。展示活动之前，班主任组织学生反复观看《麓小儿童礼》视频课程，让学生掌握每一项礼仪的规范动作，并随时结合情境进行练习，或创设情境进行练习。大家还充分发挥各小组成员之间互相学习、互相监督的作用，鼓励学生创造礼仪情境游戏，在游戏中进行礼仪操练习，还布置让小组成员之间对各项礼仪操互相检查过关。通过各种形式的反复练习，礼仪操规范动作得到了很好的强化。展示活动中，每个班级通过创设情境，从问候礼到课堂礼、课间礼、环保礼、就餐礼等，依次展示了校园文明礼仪操。这种全员参与的展示活动让礼仪操在学生中得到很好的普及。这样的活动强化了麓小学生的校园礼仪行为，带动了全校学生一起践行"麓小儿童礼"，让校园文明礼仪蔚然成风。

（三）建立长效评价机制，推动礼仪行为日常化

文明礼仪教育不仅要求学生会做，更要求学生在生活中实实在在地做出来，它是一门彻彻底底的实践课。礼仪课程需要与学生的日常生活紧密结合，日常生活就是学生礼仪行为的试验基地。只有督促学生不断践行，礼仪才能从理论走向实践，从书本走向生活，才能真正变成学生的行为习惯。学校把《麓小儿童礼》中的各项礼仪规范整理成《"麓小儿童礼"评分细则》，作为学生一日常规的考核内容。值日老师、大队干部依据评价细则对各年级、各班践行礼仪的情况进行检查评价。检查结果作为班级一日常规表现的重要依据，作为每周"流动红旗"评比的重要依据，作为一个学期班级评优的重要依据。而各班级也开展相应的检查、评比活动，把礼仪评价细则作为团队评优、个人评优的重要依据，班主任每周根据学生表现情况评出礼仪先进团队、礼仪小标兵等。

通过这样的评价方式督促各年级、各班将文明礼仪落实到行动。学生的文明礼仪行为与班级的、个人的荣辱紧密相连，教师以此督促学生，学生与学生之间以此互相督促，让"麓小儿童礼"真正落实到了学生的生活。培养文明礼仪习惯是一个长时间的过程，这样的长效评价机制，真正有效推动了礼仪课程的实施，让文明礼仪的种子慢慢种到了孩子的心田，让温馨美好的礼仪之花在校园里静静开放。

❖ **案例6:**

<h2 align="center">"麓小儿童礼"评分细则</h2>

麓小少年,与礼同行!好习惯成就好人生!请同学们以"麓小儿童礼"为准则要求自己。做好自己,为班争光。值日老师、大队干部将严格按以下细则进行检查,并加分或扣分。

项　目	评　分　细　则
问候礼 再见礼	1. 早上入校、校园里遇见老师:老师,您好(敬标准队礼) 2. 离校时:老师,再见!并挥手道别
放学礼	1. 按时放学,不拖延 2. 路队整齐,保持安静 3. 举路队牌 4. 送到接送点 5. 主动道别,按时回家 6. 接送点畅通
爱国旗礼	1. 按要求着装,少先队员佩戴好红领巾 2. 保持肃立,敬标准队礼 3. 就地行礼
两操礼	1. 眼保健操:身心专注,动作规范 2. 课间操:精神抖擞,保持安静,动作规范
着装礼仪	穿好校服,佩戴好红领巾(体育运动时可不佩戴红领巾)
课间礼	1. 安全文明游戏,不追跑,不喧闹 2. 轻声、慢步、靠右行 3. 主动行问候礼:老师,您好!(敬标准队礼) 4. 主动行环保礼(附后)
就餐礼	1. 排队有序领餐 2. 安静就餐 3. 力争光盘 4. 餐盒"横二竖三"有序放回保温桶 5. 保温桶盖盖好 6. 及时清理当日走廊上的饭菜残余 7. 及时领取酸奶、水果,并及时归还酸奶桶(16:20前) 8. 喝酸奶时间:15:00—15:05;地点:上课教室;水果随餐在教室吃完
环保礼	1. 垃圾入桶不乱扔,看到垃圾随手捡起 2. 按要求分类投放垃圾 3. 保持教室、公共区卫生
午休礼	安静休息,不说话,不下位
集会礼	1. 路队整齐 2. 严肃认真,保持安静 3. 积极互动
自理礼	1. 文具、书本、衣服、水杯、雨衣等标记学号姓名,妥善管理,不乱丢乱放 2. 每天自备雨衣、水杯等生活用品和学习用具,家长不往学校送东西(救急药品除外)

（四）带动家庭参与，助力礼仪习惯的养成

教育始于家庭。家庭是孩子的第一所学校，父母是孩子的第一任老师。父母的一言一行、一举一动，都对孩子产生潜移默化的深刻影响，在孩子养成教育方面起着至关重要的作用。父母在家里尊敬老人、友爱兄弟姐妹，孩子自然学会敬人、爱人，在学校自然会尊敬师长、友爱同学。在文明礼仪教育方面，我们学校一直特别跟家长强调父母的影响作用，提醒父母给孩子做文明礼仪的好榜样、带头人。另外，学校教育离不开家长的配合，学生习惯养成更是需要家长的全力支持。只有学校和家庭在教育目标、教育理念上达成共识，协同育人，学校养成教育才能真正有所成效。为了取得家长的支持，班主任在班里组织学生集中学习《麓小儿童礼》礼仪规范、《麓小儿童礼》视频课程、《"麓小儿童礼"评分细则》，还把这些校本课程资源分享到班级群，向家长明确学校文明礼仪教育的目的、要求、规范。学校通过公众号、班级通过微信群等渠道及时发布文明礼仪教育的相关情况，让家长能及时了解。学校布置的礼仪家庭作业、礼仪评比活动等都邀请、要求家长带领孩子积极参与。因为家庭教育的影响与学校教育保持一致，同声相应，同频共振，所以，学校文明礼仪教育取得了整体的效果。

❖ 案例 7：

2019 年长沙麓山国际实验小学第十九届德育研讨会方案

一、活动主题

"家校携手，推进麓小礼仪课程建设"

二、活动缘起

"五育并举，德育为先"，德育是学校教育的首要任务。而小学阶段德育最重要的内容是习惯养成教育。如何帮助孩子养成良好的生活习惯、学习习惯、待人接物习惯……这是摆在老师、家长面前的重要课题。

中国自古以来就是礼仪之邦。至圣先师孔子在两千五百多年前就说过"不学礼，无以立"。"礼"是规范，是秩序，更是人类社会的高度文明！帮助孩子"习礼、行礼"即是培养他们良好的行为习惯。

中华传统礼仪注重尊师长、护幼小、讲文明、懂礼貌、爱惜物命和善待人……从中华传统礼仪的宗旨出发，结合我校育人目标，学生处、教务处一起编写了《麓小儿童礼》，并联合语文组、音乐组、体育组、现代教育技术中心一起精心制作了《麓小儿童礼》视频课程，从每天入校的问候礼，到课堂礼、课间礼、两操礼、就餐礼，再到环保礼、放学礼等，每一项礼仪都有具体、规

范的指导。制作视频课程的目的是为全体老师提供习惯养成教育的第一手教学资料，通过统一的、标准的课程指导，规范学生一日常规礼仪行为。

如何利用《麓小儿童礼》视频课程，结合学生年段特点，开发家校合作参与的、各学科融合的、具有本年级特色的、可推广的立体多维的"麓小儿童礼课程"，让"麓小儿童礼"真正在学生身上落地开花呢？这正是本次德育研讨会举办的初衷。

三、活动目的

1. 督促全体老师参与"麓小儿童礼"课程的思考，推进"麓小儿童礼课程"建设；

2. 围绕"教会学生怎么做"这一目标，设计适合学生年龄段特点的"麓小儿童礼"实操课；

3. 围绕"督促学生落实儿童礼课程内容"这一目标，开发立体多维的"麓小儿童礼课程"；

4. 依托本年级开发的"麓小儿童礼课程"，切实培养学生的礼仪习惯。

四、组织领导

1. 领导小组：黄斌、龚拥军、戴伍军、聂琴

2. 工作小组：

　　组　长　沈毅

　　副组长　杨池珍、武文碧

　　组　员　向春芳、邹玲静、瞿新国、叶俊、江宇、王春光、杨霖、
　　　　　　黎雁、袁超智、熊奕、李光华、唐娜、蔡东阳

五、团队划分：一个年级一个团队，共7个参赛团队

六、研讨步骤

步骤	时　间	主要任务	基本内容	责任人
1	10月21日	讨论布置	召开年级组组长会议，讨论《第19届德育研讨会方案》，布置研讨活动的相关工作	杨池珍 武文碧
2	10月21日至 11月17日	全员参与	全年级展开头脑风暴，进行深度思考，根据本年级学生特点及实际生活中礼仪方面存在的问题，从学校拍摄的"麓小儿童礼视频"中选取若干个主题，研究如何培养学生养成良好的礼仪习惯	年级组
		组内课小征集	以年级组为单位，上交若干份（份数为本年级班级数的二分之一）"麓小儿童礼仪课程"资料，每份资料包括：小课录像＋教案＋课件	年级组

（续表）

步骤	时　间	主要任务	基本内容	责任人
2		小课上交评分	学生处组织评委对上交的"麓小儿童礼仪课程"资料进行打分，得分占最终评分的35%	年级组
3	11月22日 14:00—17:00	展示汇报	以团队为单位抽签决定顺序并进行呈现，每组限时25分钟：18分钟小课+7分钟团队长汇报	沈　毅

七、评价方案

序号	评价指标	评　分　标　准	分值	得分
1	团队绩效	学生处组织评委对上交的"麓小儿童礼仪课程"资料进行打分，得分占最终评分的35%	35	
2	现场展示课	1. 紧扣所选主题进行教学设计，目标明确、重点突出 2. 形式生动活泼，课件制作优秀，感染力强，学生学习效果好，能促使学生形成良好的礼仪习惯 3. 操作性强，便于推广	35	
3	团队长汇报	解读本年级"麓小儿童礼仪课程"的具体内容，包括实操课理念、家校合作途径、学科融合具体操作方式、年度规划、已达成效果及未来展望	30	

将深厚的中华文化根植于文明礼仪教育之中，让文明礼仪教育课程化，通过礼仪教育传播优秀传统文化，通过礼仪课程培养学生良好的行为习惯，这是学校德育的一条有效实施的途径。"礼之用，和为贵"，"麓小儿童礼课程"让学生习得良好的行为习惯，同时提升了麓小校园的文明程度，促进麓小的和谐发展。今天的学生是明天的未来。"麓小儿童礼"将培养一批批懂礼、行礼的麓小学子，也必将推动中华优秀传统文化的传承，最终为社会的和谐发展助一臂之力。

第三节　以爱育爱铸高尚品格

中国学生发展核心素养以培养"全面发展的人"为核心，分为文化基础、自主发展、社会参与三个方面，综合表现为人文底蕴、科学精神、学会学习、健康生活、责任担当、实践创新等六大素养，具体细化为家国情怀、社会责任、法治意识、思维品质、创新精神和实践能力等十八个要点。麓山国际实验小学在"十三五"发展期间，对标中国学生发展核心素养要求，以"学会生存、学会关心"为育人目标，以"价值引领"和"习惯养成"作为育人理念，提炼出"面向世界、博采众长、发展个性、奠基人生"的办学思想，凝铸起

"追求卓越、永不满足"的麓小精神，培育具有中国根基的世界公民。"学会关心"的目标包含了"爱心""合作""责任"等具体培养目标。

一、"爱心里程碑"汇聚温暖能量

"爱心"是人类的基本需要，是培养"全面发展的人"的底色基础。"爱心"表现为认识自我、接纳自我，能体验到自己的存在价值，乐观向上，从而关心自己、关爱生命，是培养学生健康心理的第一条标准。麓山国际实验小学坚持"以爱育爱"的德育实践行动，用多和形式的爱心公益活动来熏陶影响麓小学子，铸就了麓小学子奉献爱心、担当责任的品质品格。其中，最为典型的品牌活动"爱心里程碑"，就曾获得湖南省长沙市青少年发展基金会希望工程的表彰，众多善举被各大媒体宣传报道。

"爱心里程碑"的活动内容分为三个部分：第一部分为"我爱社区"麓山学子进社区活动；第二部分为"爱心改变命运"的走上街头义卖报纸活动；第三部分为"关爱你我他"校内跳蚤市场义卖活动。所得善款全部捐献给长沙市青少年发展基金会，定向帮扶贫困学生或灾区建设。

❖ **案例 8：**

爱心义卖：太阳去流浪，爱心来助暖

春风和煦，送来阵阵花香；人头攒动，迎来爱心义卖。

"雷锋叔叔，我是您的小粉丝。""我愿做一颗永不生锈的螺丝钉。"

3 月 15 日，麓山国际实验小学的"小雷锋"们在学校的操场上进行"爱心捐赠零花钱，关爱困难小伙伴"爱心义卖活动，他们正在用行动践行雷锋精神，跟着小编一起到现场去看看吧！

图4-1 "红领巾爱心义卖"活动现场

"来来来，特价大酬宾，走过路过不要错过，"操场上叫卖声此起彼伏，琳琅满目的商品整整齐齐地摆放在各个班级的义卖摊上，"小掌柜"们忙得不亦乐乎，义卖现场热闹非凡。

滴水成渊，聚沙成塔，小小的爱心能够汇聚出大大的能量，我们的爱心款将会捐赠至长沙青基会，为困难的小伙伴献一份爱心，送一份温暖。

在"爱心里程碑"活动取得良好的德育实效的基础上，麓山国际实验小学将学校爱心活动的开展常规化、实操化、持续化，培养了麓小学子的爱心与责任，提升了他们参与社会、感恩社会、回馈社会的责任担当，培养和塑造了他们"自信、自理、自主"的能力和"爱心、责任、合作"的素养，为落实立德树人的根本任务，培养德智体美劳全面发展的社会主义建设者和接班人奠定了坚实的基础。

二、"普特融合"实现爱心立德

有这样一群特别的孩子，他们就好像是天上掉落的星星，虽然光芒被病魔遮挡，但他们仍然坚强、勇敢，我们称这些孩子为"特殊儿童"。麓山国际实验小学的学生中，也有少数身体上残疾、心理上有缺陷和学习能力有障碍的特殊学生，他们比起一般的学生更需要关心和关爱。学校本着教育平等、接纳差异、尊重差异的理念，做到"尊重每一个生命，接纳每一个人"，将这些特殊儿童编入普通班级，让他们随班就读。而这样的安排，对于全体麓小学子也是一个极好的德育教育机会，有利于培养他们奉献精神与爱心，让他们在尊重他人、关心和帮助他人的过程中培育良好的道德素养。

（一）从个体实际出发，全面关注特殊学生的各类需求

麓山国际实验小学的教师从随班就读学生的实际情况出发，调整教学内容，优化教学要求，在课堂教学中更多关注随班就读学生，鼓励、关心他们，引导健全学生理解、尊重特殊学生的学习体验和学习速度。每位任课教师与家长保持联系，做好家访，学校、家庭、社会形成教育合力，使随班就读生保持快乐心情，不断提高成绩。学校对有特殊学生班级的教师提出了多联系、多交流、多关心、多活动的"四多"倡导，关注随班就读学生学业的同时更关注他们的社会适应能力、生活技能等各项潜能的发展，让他们也有机会享受合适的优质教育。

（二）营造接纳、尊重的班级融合教育氛围

为了让特殊学生更好地融入普通班，班级为每名随班就读学生安排了一名

融合小伙伴做他们的"小老师"，让每一位特殊学生得到切实的关心与帮助，让他们感受到同伴的友爱和温暖，从而提高他们的社会交往能力。同时，特殊孩子在集体中的学习生活，也让正常孩子感受到，在我们身边或未来的日子会出现需要帮助的人，需要大家伸出爱的双手。这样的举措培养了麓小学子双向的爱心和责任感。

❖ **案例 9：**

"爱是最美的语言"
——班级管理中特殊学生转化的策略和方法
麓山国际实验小学　四年级组

班级管理是我国现代教育的一个热门话题。它是指班级管理者运用现代管理的原则，为学生成长创设良好的心理环境，按照学生心理、行为规律，对学生进行心理疏导和行为指导，充分调动学生参加教育活动的主动性和积极性，为有效实现班级育人的目标而进行的组织工作。

在教书过程中，我遇到了不少特殊的学生，有异食癖的孩子、有精神方面比较特别的孩子、有存在暴力倾向且喜欢恶作剧的孩子等，加强他们的教育工作是班主任管理工作中不可忽视的一个重要环节。相比之下，学困生那都不算什么。实现特殊学生转化的这一目标，实在不易，需要班主任老师做出不懈的努力或者使用十八般武艺方可达成。不过，在和这些孩子相处的过程中，我的教育生涯也因此而充实，我的教育理念和教育方法也在和他们的摩擦中同期更新与变化。对待这些孩子，我总结出了教育四部曲。

一、了解孩子的成长环境，走进孩子的情感世界

我国古代的《学记》指出："知其心，然后能救其失也。"要转化特殊学生，必须要研究其形成原因，并做好分析，这是创造良好教育环境的起点。对于小学中段的孩子来说，如果其性格呈现出特别大的差异时，很大一部分原因都与他的成长环境有关，了解孩子的成长环境，走进孩子的情感世界，如同一剂良药，能治其根本。你也会因此走进孩子原本对你封闭的情感世界，孩子也会因此走近你。所以，作为老师，我们能多给予孩子关注与关心，焐热孩子的心田，那么问题自然能够迎刃而解。下面就以我们班一个因家庭环境复杂而在性格及表现上比较特殊的孩子为例，略作分析。

一个漂亮的孩子

班上有一个可爱的小男孩，长得特别漂亮，白皙的皮肤，大大的眼睛，长长的睫毛，红红的小嘴巴，虽然我是在用特别普通的词汇在描述他，但是这又

是最标准的描绘，他真的长得这般漂亮。但是他很少笑，眼神里少了自信与开朗，总是有一种淡淡的忧伤，甚至常常眼角还有残留的泪花，看上去非常内向。他上课走神不听讲，作业写得特别糟糕，甚至经常不交作业。下课喜欢跟同学打闹，扯着嗓子大声地吼叫同学，多次被别的家长投诉。

为此，我跟他的妈妈进行了多次沟通。言谈中，我也感觉到他的妈妈特别敏感，话语中没有情感，每次都是简单的一句"好的，我知道了"，而匆匆结束聊天，不想跟老师有深入的沟通。

几经打听，我才知道了他家的情况：单亲家庭，妈妈是一名社区医生，特别是这两年疫情，她的工作更加忙碌了。没有时间管小孩，很多时候都是孩子自己照顾自己。事情做不好，疲累的妈妈对孩子少了循循善诱的耐心，常常打骂相加，因为他还很小，做人与处世还没有自己的原则与法则，很多言行都在复制着妈妈。

他哭了

这是一堂语文课，我沉醉于课堂，滔滔不绝地讲着课，突然第一大组后面的几个同学惊慌地喊道："曾老师，** 同学又躺在地上哭。"我连忙三步并作两步赶过去，只见孩子全身躺在地上，并用一只手捂着自己的头，红肿的双眼泪如泉涌，泪水打湿了地面，但是没有一点哭泣声。他是极度压制着自己的哭声，用泪水宣泄着内心的痛苦。

我用力地把他拉起来，关切地问道："**，你怎么了？"他只是摇摇头，什么也不愿意说。我安抚他坐好后，继续回到课堂，但是眼睛始终没有离开他，时刻关注着他的情绪。

下课了，我赶紧牵着他走到一个安静的地方，再次轻轻地问他怎么了。孩子想了想，低低地对我说："老师，有个秘密，您可以帮我保密吗？"我笃定地点点头，之后的交流里，我才进一步了解了他家的情况。每次和别的家庭出去玩，他都会被不知情的家长和孩子问道："你爸爸呢？"常年缺失父爱的他，母亲也遭遇了许多不幸。

通过与孩子的交流，我了解了孩子的成长环境，深深感受到孩子经历了太多他这个年龄段本不该承受的事情，心疼他，也更理解他。缺失父爱的生活环境，以及母亲性格的偏激，再加上孩子小小年纪却很多时候都在进行自我照顾，所以才导致孩子出现了一系列的问题。美国著名"家庭治疗大师"萨提亚认为，一个人和他的原生家庭有着千丝万缕的联系，而这种联系有可能影响他

的一生。

我该怎么帮助他呢？该怎么做才能让他重新取得进步的转折点？这些问题开始萦绕在我的脑海。

二、对待特殊学生，要做到三心：诚心、爱心、耐心

在班级里，每天都密切关注那个孩子的动态，每天早自习或夕会课，我会时不时地喊他出来聊一聊，真诚地与他谈心，了解他的心理状态与需求，鼓励他，帮助他。时不时摸摸他的头，拍拍他的肩膀，让他感受到老师的关爱。当孩子犯了错误时，我会耐心地劝导，动之以情，晓之以理。

课余，我找到班上的几个热心且优秀的小朋友，鼓励他们下课主动去找那个孩子，多带着他玩一玩，让他感受到友情的真挚，让他在学校里生活得更快乐。

此外，我还找到班上一个跟那个孩子家里关系比较密切的家长，与这位家长商量了多套版本来帮助他，我请这位家长利用周末多邀约这位孩子与妈妈一起参与一些集体活动，并叮嘱不要去触碰他们的心灵伤疤等。

为了让他能像别的孩子一样，专心地学习，健康、快乐地成长，我一直在努力。但是，这种外力的帮助并没法彻底治疗他内心的创伤，他的变化并不太大。

三、家庭的配合是转化特殊学生切实有效的润滑剂

终于，我找到了一个契机。

这是一堂习作课，主题是书信，在细致指导后，我让学生课堂现场习作。在这次习作中，我从那个孩子的信里有了新的发现，他的书信是写给他的亲生爸爸的，信件内容如下：

一封信

亲爱的爸爸：

您好！

我想您了，您在生活上过得好吗？

我在校园里过得很好，在这里我交到了许许多多的好朋友，我们在课间一起玩耍。在学习上我们一起进步，争取在期末取得好成绩。

最近我的成绩慢慢下降了，快到期末考试了，我有一点紧张，学习也开始渐渐有一点压力了。

在生活上，我和妈妈过得很幸福，妈妈还生了一个小弟弟，在家里无忧无虑地生活着，特别是住在新家以后，家里的空气新鲜，更适合我们生活。

爸爸，您就像大雁的带头鸟，指引我们飞行的方向，如果您不在，我们就像没有了方向的小火车，在迷茫的道路上行走，爸爸，我想您了，您能回来吗？

　　祝

　　身体健康

您的儿子：***

2021 年 12 月 7 日

　　从信件内容上看，孩子很懂事，报喜不报忧。我把这封信拍好照片，发给孩子的爸爸，并留言："孩子很需要关心，您多给他打打电话。"

　　"老师，孩子电话是多少？什么时候打比较合适？***是我这辈子最亏欠的人。"看到这条回信，我很诧异，父亲竟然不知道儿子的联系方式。经过进一步了解，让我更惊讶的是，他们父子俩已经足足四年没有见过面了。也就是说，还是一年级入学时，父母一起送孩子来上学，他们见过一面，此后，他们再也没见过。而他爸爸的单位离我们学校并不远。了解到这个情况，我的内心非常复杂，一个父亲是怎么做到四年不见自己的亲生儿子，而从未得到过父爱的孩子却还深深依恋着自己的父亲，盼着他的回归。可是这位父亲已经有了新的家庭和孩子，回归是不可能的了。

　　我还是把这位爸爸约到了学校，有了长达两个小时的谈话，他表示以后会参与孩子的成长，但是担心孩子妈妈不同意他看儿子。我经过一番思考，也觉得暂时不合适让孩子妈妈知晓爸爸来看孩子的事，所以做了善意的隐瞒。之后，我把这位爸爸带到了教室，孩子们见到这位叔叔，都对这位陌生的叔叔表示了最热情的欢迎，我立刻请学生说说他们对叔叔的印象，孩子们不吝溢美之词，纷纷起立，赞美眼前的叔叔。我感觉到孩子爸爸紧张的心情得到了缓解，我从那个孩子的眼睛里看到了骄傲自豪的光，这是多么难得的光。我顺势请他站起来，大声地告诉同学们："这就是我的爸爸！"我让他连续说了三遍，一遍比一遍声音洪亮，一遍比一遍更自豪。我感受到了希望！

　　我与孩子爸爸达成协议，他可以每周来学校看望孩子，利用中午午休时间，带孩子出去吃吃饭、逛逛超市、骑骑自行车、遛遛公园等，其间多与孩子交流，多多鼓励他。多年缺失的父爱宛若一股清澈的泉水注入孩子的心田，孩子脸上有了笑容，上课也更认真积极了。孩子常常穿着爸爸买的新衣裳和新鞋子，特别帅气自信。我感觉到时机到了，决定跟他妈妈讲明情况。也许是害怕她的敏感，交流前，我故作轻松，调皮地说："您先答应我别生气哦！"在得到对方的应允后，我讲了最近我的安排。同时，也用小故事鼓励孩子妈妈放下成见，勇敢地追求幸福，勇敢地生活。结果出乎意料，孩子妈妈无比感激，她其实已经隐约从孩子那里知道了爸爸来校看望孩子的事情，她也感受到了孩子的变化。因而，她的防线破了，她真诚地答应以后孩子爸爸可以参与孩子的成长。当时，听到她的话，我突然特别幸福，觉得自己做了一件功德无量的好事。

四、注意培养特殊学生的兴趣与爱好，让其找回自信

培养孩子的兴趣与爱好，让他在专注于某件事时，性格趋于稳定和集中，能有恒心、有毅力，且精益求精地处理事物，从枯燥中寻乐趣，于困难中求喜悦。

恰逢学校招国旗班队员，我鼓励那个孩子积极报名参加，虽然他因不自信而有些扭捏，但是我看得出他眼睛里的渴望，毕竟每次升旗时，神气的国旗班队员是多么令人向往和羡慕呀。我告诉他不要放弃机会，勇敢地去逐梦，在我的再三劝说下，他终于鼓足勇气去参加选拔了。在他去的途中，我给大队辅导员美丽的张老师打了电话，跟她讲了孩子的情况，张老师是一个人美心善的人，欣然应允。当孩子回来时，无比激动地告诉我他被选上了，我再次从他的眼睛里看到了光……

此后，孩子的脸上笑容多了，不再吼叫，上课认真听讲，作业完成得特别认真，我感觉他曾经忧郁的眼神已经绽开了馨香的花朵。期末，孩子的成绩有了明显的上升，各门功课都在90分以上，我给孩子颁发了"进步小明星"的奖状，在金灿灿的奖状映衬下，孩子自信的小脸蛋真美！孩子妈妈也真诚地给我发来信息："老师，真的辛苦您了，一直以来处处关心和爱护着孩子，能深深的体会到您的那份良苦用心，相信孩子，即便是在长大后，都会记得您对他的好，谢谢您！"孩子能否记住我并不重要，重要的是他能健康、快乐地成长，这是我最愿意看到的。

五、寻求学校层面介入

当然，也有很棘手的特殊情况。我们班有个孩子，姑且叫他小苗吧。他是我在接班时原班主任交代要特别关注的孩子。初见小苗，瘦弱的身板，耷拉的眼角、嘴角，松垮的体态，一副无精打采的样子。我对他温言细语，时不时牵着他领着他。午餐食堂就餐时，我挨着他坐；放学送路队时，我牵着他手；帮忙送牛奶桶了、拾垃圾了、课堂举手了，我都会给他舞台展示，不吝啬表扬和掌声。初遇时的他，是一株依赖我的瘦弱的小豆苗。可无论如何我都不会想

到，之后的他可以由小豆苗瞬间迸发为冒着烟、腾着热的火苗。

慢慢地，小苗的无序行为更突出了，在校无常规、无学习行为。上课要么睡觉，要么在教室座位行间或后面、走廊趴、躺、睡、坐、走，甚至爬过去挤着坐在认真上课的孩子座位中间的地上，或者头上套个塑料袋，嘴里不停哼鸣。被约束纪律了、和同学发生冲突了，就生气跑走。满校园找呀找，找不到，打电话给家长却反被劝说没关系时，我满心无奈。除了经常不知去向，小苗的攻击性行为也存在极大安全隐患。一次，他课堂随意走动后，隔着冬天的冲锋衣外套和毛衣，扎伤了同学的手臂，原因仅仅是他要看别人的东西没让他看。

针对孩子的情况，我及时到场温言化解、安排伙伴提醒督促、表扬鼓励正向强化，报备年级组和学生处，同时多次和家长沟通，微信、电话、面谈轮番进行，提醒家庭教育方法要改变，寻求专业途径找到教育转化孩子的方法，必要时看心理医生。年级组组长朱老师也约谈小苗妈妈几次，有次还没顾得上自己小女儿，从放学聊到了天黑。但家长不甚重视，坚称孩子没有问题。直到在一次课间玩游戏时，因小苗自己内心风暴的酝酿，他掏出放在口袋里的笔划破了同学手掌。监控里，他拽着笔不停向前划，同时还嚷着："我要＊了你。"面对如实反映情况的监控，小苗家长仍拒不道歉，对方家长报警了。那个周五的中午，武主任在派出所陪同前后处理了近五个小时。之后沈主任约谈小苗家长多次，只为做通工作让家长重视、正视孩子存在的问题；周末的晚上，还在咨询法律顾问，拟定告知书以便签下协议。经过湘雅附二青少年精神卫生科专家的诊断，小苗是多动障碍和注意力缺陷，俗称多动症，他是多动和注意力缺陷两者兼有。服了两个多月的药，小苗能抑制住大脑的兴奋，能坐下来了，攻击性行为暂时也没有出现了。

当他情绪平和时，才有了正常沟通。当他把口罩撕碎扔到地上、把看过的图书随意乱扔、上课站起身又准备走动时，跟他好好说，他完全能够接受。面对他长期跟不上学习，和行为习惯养成的缺乏，前面的四部曲我要长期往复地再做。幸好，我一直没有放弃他，因为学校领导的介入，班上其余孩子的利益也得到保障。我觉得他现在是再次破土而出的小秧苗，期待他以后能顺利地成长为参天大树。

遇到特殊学生，不用害怕，任何问题都会有解决的办法。只要我们好好努力，坚定信心，有爱心、耐心和诚心，家校携手，科学教育，把帮助和转化特殊学生作为素质教育的一个重要方面和教师义不容辞的责任，我们的教育迟早都会开出绚丽而美好的花朵，我们的眼前都会出现我们期待的光！

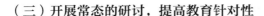

（三）开展常态的研讨，提高教育针对性

为打造有专业能力、有仁爱之心的"普特融合"教育服务团队，学校定期召开随班就读工作研讨会，交流经验。组织随班就读优秀论文评选等活动，督促教师端正教育思想，更新教育观念，用科学的特殊教育理论和新课改理念改进随班就读的教学工作，不断改进、提高随班就读工作成效。

❖ **案例10：**

"普特融合"教育和特殊学生教育研讨

——第21届德育研讨会"特殊学生转化的案例分析与策略探究"

为落实立德树人根本任务，进一步提高我校德育工作的针对性、实效性和指导性，传承我校"价值引领，习惯养成"德育工作理念，加强德育创新，总结、提升和交流育人经验，学校决定召开第21届德育研讨会。

一、研讨主题

特殊学生转化的案例分析与策略探究

二、研讨目的

每一个年级、班级都有极少数特殊学生，他们在学习、纪律、心理等方面与大多数学生有明显的差异。他们在班级找不到自己的价值，难以被团队成员接受和认可，从而失去对学习和发展的信心。这样不利于他们的成长，而且对班级的管理、班风的养成有负面影响。如何对这些特殊学生进行教育和转化，使之能与同学和谐相处，找到自己在团队中的位置和价值，成为一名合格的社会主义建设的接班人，是我们要做的工作。希望通过本次德育研讨会的探讨、交流，找到一些成功的案例和规律，从而提高我校德育工作水平。

三、组织领导

1. 领导小组：黄斌、龚拥军、戴伍军、聂琴

2. 工作小组：

　　组　　长：沈毅

　　副组长：杨池珍

　　组　　员：向春芳、邹玲静、瞿新国、叶　俊、王春光、袁超智、黎　雁、
　　　　　　　熊　奕、李光华、张　晋、蔡东阳、王　海、罗　云、张　红、
　　　　　　　谭利萍、谭婧婷、陈　辉、朱志慧、李富维、李　恋、彭海英

3. 团队划分：一个年级一个团队，共7个参赛团队（二小单独组队）

四、设奖安排

特等奖3个、一等奖4个

五、研讨步骤

步骤	时　　间	主要任务	基本内容	责任人
1	2021 年 12 月 6 日	讨论布置	召开年级组组长会议，讨论《第21届德育研讨会方案》，布置研讨活动的相关工作	沈毅
2	2021 年 12 月 7 日至 2022 年 1 月 10 日	全员参与	全年级展开头脑风暴，进行深度思考，收集整理本年级组特殊学生转化的案例，并进行深入分析，探究转化特殊学生的有效措施及规律，整理成文，制作好汇报课件	年级组组长班主任
3	2022 年 2 月 28 日	展示汇报	团队为单位抽签决定顺序进行呈现，每组限时 15—20 分钟（少于或多于 1 分钟在最终分数里扣 0.5 分）	沈毅

六、评价指标

序号	评价指标	考 查 细 则	分值	得分
1	案例分析	所选案例是否具有代表性，转化过程是否详细具体，条理清晰，重点突出，转化效果是否真实有效，具有推广价值	50	
2	经验总结，理论提升	在实际操作的基础上，与教育学、心理学理论相结合，形成可复制、可推广的操作体系	50	

专家评委：每个处室一人；大众评委：每个年级一人

七、汇报顺序（抽签决定）

四年级、三年级、一年级、五年级、二年级、六年级、二小。

第21届德育研讨会评分表

评价指标	考 查 细 则						分值
案例分析	所选案例是否具有代表性，转化过程是否详细具体，条理清晰，重点突出，转化效果是否真实有效，具有推广价值						50
经验总结，理论提升	在实际操作的基础上，与教育学、心理学理论相结合，形成可复制、可推广的操作体系						50
评　价	一年级	二年级	三年级	四年级	五年级	六年级	二小
排　序							

备注：评委不给本年级排序

长沙麓山国际实验小学

2022 年 2 月 15 日

（四）建立融合教育专门档案

学校为每个随班就读学生设有一份档案，内容包括基本情况表、残疾鉴定材料、教师个别辅导记载、学业成绩记载等。有计划、有针对性地对其进行课后辅导和相关训练，补偿缺陷，提高能力。安排专业心理咨询教师为随班就读学生、家长提供心理辅导。鼓励、支持随班就读学生尽一切努力参加学校、班级组织的各项活动，锻炼其身体的同时，培养其社会适应能力。学期结束时，学校及时对随班就读学生进行学业情况考核。考核采用灵活多样的形式，对学习实在跟不上的学生，就用综合评价的方法考核，即考核其学习态度、进步程度等方面的情况；对学习勉强，但与要求仍有差距的学生则采用选择性的办法进行；对学习可以跟上或进步较快的学生，则大胆采用与同班学生一样的测评内容。不管采用何种形式，老师要客观公正地给出等第，予以表扬或鼓励。

（五）组建"普特融合"教育联盟，提升专业能力

在长沙市特殊学校的支持下，麓山国际实验小学与30多个学校共同组建"普特融合"教育联盟。教育联盟多次组织相关教师参加"普特融合"教育培训，到校外融合教育基地学习交流，争取专业支持，提升了老师"普特融合"教育的专业能力。

❖ **案例 11：**

特而不特　普特"容""融"

——二年级组特殊学生转化案例及规律分析

一、现状分析

随着融合教育理念的不断深入，特殊学生与普通学生，在同一间教室里一起接受义务教育成为一种常见的教育形式，这种形式在普及特殊儿童义务教育中发挥了重要的作用。

（PPT：特殊学生分类：特殊教育专家朴永馨在其主编的《特殊教育辞典》中将特殊学生分为两种：广义的特殊学生是指在智力、感官、情绪、身体、行为或沟通能力上与正常情况有明显差异的学生。狭义的特殊学生是指身心发展上有缺陷的学生，又称身心障碍学生或残疾学生）

目前，麓小二年级特殊学生约为29人。根据《特殊教育辞典》中的界定，我们将他们分为两大类：行为特殊及身心特殊。通过对组内各班的数据收集，我们可以看到行为特殊的学生居多。身心特殊的学生约占特殊学生总数的三分之一。他们普遍内心敏感脆弱，行为较为偏激，有一定的学习及交往障碍。

（PPT：年级组特殊学生数量饼状图、本年级特殊学生情况统计，相应分类的行为症状描述）

我们面对的是这样一批特殊的、具有各方面问题的学生，背后可能还有同样存在问题的家长。要如何改变、帮助、重塑学生呢？这是一个复杂的，需要

理论与实践相结合才能解决的大难题。

为深入落实转化工作，带领组内老师更好地帮助学生与家长。我们从上学期开始，组织老师开展学习儿童心理学等专业理论，记录特殊学生案例及其转化过程，通过班主任沙龙及团队德育活动，不断进行策略调整与再实践。

（PPT：各种理论刷屏，论文截图、微信截图、老师研讨照片等刷屏）

二、案例呈现

接下来我们向大家呈现年级组内最为典型的三个案例：

（PPT：三个案例，红色字体标识关键词）

案例一

小 A 有严重的语言障碍，无法跟老师和同学沟通交流。运动能力低下，请了两位跳绳教练，还是没有学会跳绳；学习能力低下，只能照着抄写字词，不能运用。通过走访孩子家庭，了解了孩子的情况：孩子出生不到 1 岁，父母便离异，孩子由爸爸抚养，但爸爸要上班，没办法亲自带他，所以跟随爷爷奶奶在湘潭的乡下长大。由于从小见不到父母，成长过程中缺少父爱母爱，因此孩子的性格特别内向，不愿意与人交往，特别不愿意跟陌生人讲话。到该上小学了，才回到长沙。上学后，每天是爷爷奶奶接送、辅导完成每天的阅读和运动作业，爸爸无暇顾及。爸爸还说，儿子有时放学后回到家里会哭，说有同学欺负他。家长很是担忧，又感觉无能为力。

案例二

十月初，小 B 挤出了彩笔芯里的颜料，抹到了嘴上。同一天，小 B 在象棋课撕了自己的试卷，问他原因，只说是不高兴。同年十一月中旬，小 B 同学在中午取餐的时候跑到外面去了，午休后把自己的裤子脱下来玩，又发生了彩笔芯挤出来捏到手上的行为。

"老师，小 B 又说要 ** 了！"

老师赶紧过去，连哄带抱将小 B 带到了办公室。

经了解是谭同学画了一幅老鼠和人打架的画，人赢了。可小 B 不想人赢，想要老鼠赢。因此发生要"跳楼"这样的偏激行为。

戳眼睛及用拳头、文具盒击打自己的行为频繁发生，同时有伴随攀爬栏杆的行为。

十一月，小 B 在排路队的时候摔了一跤，之后便开始敲打自己的头，当同学对他进行劝阻的时候，他便开始将自己的头往墙上撞。为了保证他在学校能够正常有序的学习，学校请他的妈妈来陪读。在有家长的环境下，他的行为习惯变得相对正常，但没有家长在场或者家长临时离开的情况，他便又开始了敲头、爬窗等行为。

案例三

科学老师来电：老师，请速来班级一下，小 C 同学情绪失控，大发脾气，把自己桌子掀了，拿着扫把到处打人，整个教室被搅得天翻地覆。事后了解，小 C 和同桌一起讨论问题，两个人意见相左，小 C 无法接受，情绪失控进而有了偏激行为。

国际象棋老师来电：老师，麻烦过来领一下小 C 同学去办公室，他声嘶力竭地大吼让我上不了课。这是我第二次给他上课，可他两次都严重干扰了我的课堂。经了解，课堂中同学进行国际象棋比赛，小 C 输了，他不服气，于是大吼大哭，用仇恨的眼光看待同学。

这三个典型案例，既有其个性，又具有年级组特殊学生的共性。我们以这一些案例为例，开展研讨交流，整合了大家在转化实践上的经验，提炼规律，形成了下面的具体策略。

现在有请团队长老师对二年级组现阶段的研究结果进行汇报。（略）

三、转化策略

结合实际案例，我们发现：在缺失有效帮助的情况下，特殊学生自卑、孤僻、放纵、偏激。他们的内心往往敏感、脆弱，甚至产生厌学、叛逆、报复等心理。

（PPT：理论依据：现有的特殊学生教育形式，常常缺乏系统性思维和生成性思维，忽视了特殊儿童发展的潜能和主动性，导致其缺乏对问题背后的根本性因素进行系统分析，及对前后阶段问题行为加以联系并进行干预指导）

要想及时在儿童的成长期有效地转化他们，让他们得以更好地成长，遇见更好的自己，首先要从成因、根源入手：

（一）追根溯源，了解特殊成因——做好特殊学生转化工作的前期准备

我们首先对组内特殊学生案例背景进行了逐一了解。分析发现，除了部分学生身体与心理存在先天性的疾病原因外，其他特殊学生背后都有特殊的成长环境。

1. 不健全或不稳定的家庭环境

离异、组合或单亲家庭的孩子。从小残缺的爱对他们而言就是一种很大的伤害，给他们学龄时外显出来的特殊行为埋下了隐患。

2. 过于宠溺或退让的家庭环境

4+2+1 的家庭模式，让他永远兰活在家庭的中心，容易自私自利，以个人为中心，不能接受别人的意见。在集体中，很容易成为不合时宜的不和谐音符。

正确认识、分析特殊学生的特点，找到病根病因，就能心中有数、对症下药，展开针对性转化。

（PPT：成因：①先天性身心疾病；②成长环境因素）

（二）"特而不特"，创设平等氛围——做好特殊学生转化工作的心理建设

爱和归属感的需求，意味着个体希望被群体包容和接纳，进而获得群体尊重。

（PPT：理论依据：在美国心理学家马斯洛的"需要层次理论"中，将人的需要分为五个层次：自我实现的需要、尊重的需要、归属与爱的需要、安全需要以及生理需要）

在案例分析中，我们发现特殊学生对这样的需求更为强烈。其特殊性让他们更加渴望被同学认可和接纳。因此，创设平等的氛围，帮助他们获得尊重和包容就成了首要任务。

1. 老师改变观念和做法

融合教育，"融"为根本，让特殊孩子真正融入班级，和普通孩子一起学习和生活是一个系统工程，首先老师要改变观念：特殊学生不特殊，他们的不同特性，不应该成为歧视和排斥学习或行为有障碍的特殊学生的理由。老师要在班级中积极创建温馨的班级氛围，帮助他们融入团队。

2. 同学悦纳关心

教师通过正确的引导，引领全班同学在思想上接纳、包容特殊学生，为他们创设良好的心理氛围；另一方面，也让所有孩子从中学习包容万物、"一切存在皆合理"的博大胸襟，帮助有特殊行为的同学一起进步，给予他们心理支持。

3. 家长包容理解

特殊学生的一些特殊表现往往会影响和伤害到身边的同学，常常引起家长的误解与针对。通过直接引导、学生引导、家长之间相互引导等方式，争取家长的包容与理解，为其进一步营造平和的班级氛围。

（三）"特别的爱"给"特殊的你"——做好特殊学生转化工作的有效落地

再特殊的孩子，只要获得了足够的正确的爱，都可以点燃他生命的光，让他绚烂地成长。我们要怎样使用好孩子眼中这一份神圣的"爱"，帮助孩子把"特殊"变成"特别"呢？

在汇总分析大量案例时，我们发现在转化中，除了采取"同等"的方式，还需要运用"差异"的方式。针对特殊学生不同个体的实际，逐一实施对策。如特定的领域基于特定的"待遇"，采取特殊的教育方式与手段，适当降低学业要求等。

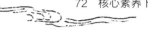

1. 挖掘优点，创设机会

苏联教育家苏霍姆林斯基曾经说过：在孩子的心灵深处，那里燃烧着一个好学生的愿望的火花。对于特殊学生而言，他们对自身在班级中存在的价值，其认识是模糊的。教师应及时、不断地予以确认，让这火花越燃越旺。

我们多走近这些学生，发现他的闪光点，充分发挥学生的特长和才干，给予他们更多展示优点的平台。引导鼓励他们承担班级管理工作，增强他们的自信，培养其责任感。当特殊学生能够展示特长，在自我价值实现时，他们就会产生自信，在参与班级管理时，就会觉得有成就感，就会更清楚地认识到自己的价值，认同自己，接纳自己，增强归属感，朝着良性的方向发展。

（PPT：各班成果展示：左屏：学生案例，右屏：挖掘了什么优点，创设了什么机会）

2. 结对互助　团队共进

为更好地帮助特殊学生在日常学习与生活中得到有效成长，我们组建了学生团队和教师团队。

在平等包容的班级氛围基础上，让学生组成互帮互助的团体，守望相助；让学生意识到，在班级这个团队中，学生要心与心相连，要有共情心和同理心，主动、热心且巧妙地帮助特殊学生克服困难。

同时，班主任把特殊学生的情况告知任课教师，组织所有任课教师组成团队，从课堂学习、作业完成、运动锻炼、课间游戏、与人交往等方面给予帮助。从多学科、多角度、更有耐心进行全方位帮扶。

（PPT：班级团队合作，师生合作的照片集锦）

3. 实施有效的个性化教育教学及评价方式

我们在班级中为特殊学生在学习和行为标准上单独制定个性化内容。

（1）制订个性化教育教学计划

针对特殊学生的特点，降低要求，设置个性化的计划与目标。

如在语文学习目标的设置中，以本学期为例，其他学生的学习目标为左边栏内容；特殊学生的目标调整为：基本认识450字，会写250字；了解两种查字典的方法；能把字较为工整地写在田字格内；继续培养阅读的兴趣；愿意说一说自己的学习生活。

在行为标准目标的设置中，以本学期为例，其他学生的行为目标均以《二年级组一日常规活动细则》为标准。由于内容较多，仅选取其中一个项目为例来呈现（课堂）；特殊学生的目标调整为：听到课堂口令，尽快按口令要求完成相应动作；课堂上不离开座位，不发出太大声音，跟随老师一起读写；有发言的意识；了解并抄写家庭作业内容。

个别教育教学计划的执行能促进教师有效地、循序渐进地进行教育教学活动，同时让家长共同参与。

（PPT：特殊学生与其他学生语文学习目标的对比图、特殊学生与其他学生行为习惯目标的对比图）

（2）注重有效的个性化辅导

第一，对特殊学生可采取提前指导的方式方法，以优化他们的学习与行为心理；第二，课堂上或活动中提高学生的参与度，重点鼓励，加强耐心引导；第三，课后对特殊学生重点辅导，作业有错误，要及时纠正。活动后也需和他们一起复盘，完善方式方法；第四，在辅导时要有耐心，不厌其烦。

（3）采用个性化的评价方式

在对特殊学生评价中，要注重引导、注重激励、注重进步，使学生受到鼓励，增加兴趣。

（PPT：①等待法：测试或活动中，如果第一次测试不成功，可以等待第二次、第三次，以最好的那次记入成绩。

② 激励法：教师及时给予充分肯定并用语言激励，如："真好！""你进步很大！""你的努力让你更出色了！"）

我们希望通过为他们制定个性化的教育教学及评价方式，让每个孩子都看得到希望，让每一个孩子都敢于尝试，让每一个孩子都有获得感。

4. 指导家长开展教育

学生的家庭环境，往往造就了他的特殊行为。因此，在转化工作中，教师要积极争取家长的力量，重视家庭教育指导工作，是实现转化的可靠保证。因此我们从三个方面入手，从家长方面协助开展特殊学生的转化。

（PPT：理论依据：心理学上认为，人的性格养成和心理状况除受遗传因素影响外，环境因素起着极为重要的作用）

（1）帮助家长更新观念

如果家长没有对孩子有清醒、正确的认识，及积极的配合，教育很难有实效。

对于特殊学生的家长，我们可以通过正式约谈，认真分析，提前帮助家长做好心理建设，更全面地认识了解孩子在学校的现状，并及时有效地干预和引导。

（PPT：约谈照片集锦）

（2）指导家长找到方法

教师与家长查找成因后，制订转化方案。并在日常实践中，形成家校合力，达成转化效果。

（PPT：案例内容，微信截图）

（3）引导其他家长给予家庭教育经验支持

我们还有很强大的实践经验来源群体——家长们。尤其是我们组内有一大批没有结婚的老师，缺乏实际育儿经验。在家长课堂等活动中，请班级中优秀家长做一些经验推介，或榜样示范，也是一种很有效的教育支持。

（PPT：班级家长群互相学习截图）

"没有教不好的学生，只有不会教的老师。"我们很认同这句话。因此我们在如何教、如何转化的道路上一直在实践，一直在努力。

每个孩子都有他自己的"好"，我们只需用心做好陪伴、欣赏、鼓励和引导，并在适当的时候给予帮助，当智慧有爱的"特殊老师"。当善良遇见善良，当"特殊学生"遇见"特殊老师"，那么，我们的教育就会成为一场美好的修行了。

四、困惑和期待

感谢两位团队长的分享。在融合教育视域下，我们坚持"以人为本"，给予特殊学生尊重与关怀。以创设平等的氛围、提供特别的帮助等方法，使他们顺利融入普通学生群体中。但在实践过程中，我们也遇到了一些困惑：我们一直在尝试做个性化的教育教学和评价，但大环境的评价仍会给特殊孩子很大的打击。当看到素质报告书里，大量的项目都是良、达标或是待达标时，无论是学生还是家长，都会产生巨大的落差，回到原点，质疑自己。希望日常的教育教学评价与学校整体评价能有机结合，让"普特融合"真正落地。

（PPT：特而不特　普特"容""融"）

我们的尝试只是一个开始，边走边学，边学边做，二年组全体的德育人将秉承初心，携爱同行。谢谢大家，不当之处敬请批评指正。

麓山国际实验小学二年级组

麓山国际实验小学在推进融合教育的过程中，不断寻找最适合的教育方法，采取多元全面的综合评价方式，让这些特殊的麓小学子也同步成长，共享教育的蓝天，使融合教育落地生根的同时，更使全体麓小学子以爱育爱，铸就了道德品质，成就了高尚的道德品格，也为其他学校的德育实践提供了亮眼的特色典范。

第五章

核心素养召唤下的人文素养培养行动

"人文"一词最早出现于《周易》。在《周易》中有"观乎天文以察时变；观乎人文以化成天下"的说法。所谓"人文"，按唐朝孔颖达的解释，是指"诗、书、礼、乐"。宋代程颐在《伊川易传》中提出："天文，天之理也；人文，人之道也。"可见人文原指人的各种传统属性。[①] 人文素养则是一个人在处理人与人、人与社会、人与自然、人与自我等关系时所表现出的一种人文的、人道的、人性的品质与能力，其核心内涵是人文精神，是一种超越世俗的、非功利的、非物化的价值观和高尚的品格，是当代学生应具备的核心素养之一，更是学校德育工作必须关注的重要内容。

---

① 承敏芳：《小学生素养养育新思维》，广西师范大学出版社，2022年。

　　麓山国际实验小学在自身的德育实践中，对标核心素养要求，紧扣人文素养培育的两个内容：一是传承优秀传统文化，加强学生的文化自信和文化自尊，通过学校德育课程以及各种类型的德育活动，加深对中华文化的认同感，提升麓小学子传承中华优秀传统文化的使命感，把他们培养成具有中华文化修养的现代人；二是注重吸收和借鉴世界先进文化及价值理念的遗产，吸收近现代自然科学文化知识，增进不同国家、不同民族之间的文化交流、文化理解和文化对话，在多元化的世界中培育学生的文化互鉴、文化互赏意识，从而使他们成为兼具民族性与国际性的现代人。

第一节　麓山大讲堂弘扬湖湘精神

　　国家督学成尚荣曾指出：中国学生发展核心素养应植根于中华优秀传统文化土壤，它蕴含着对人、对学生发展的宝贵思想，蕴含着基于中华优秀传统文化的文化精神、科学理性、创新实践的基因。这样，中国学生发展核心素养才会有中国根、民族魂、世界眼；这样，中国学生才能在世界文化的激荡中站稳自己的脚跟，又跟上世界前行的步伐。[①] 麓山国际实验小学南依麓山，东临湘江水，与千年学府岳麓书院毗邻。学校以承继优秀湖湘文化精神为起点，在学校教育思想、办学理念、价值观念、课程改革的探索中，重视麓山文化的内涵，重视价值观、思想情感的熏陶，通过"麓山大讲堂"的开设，引导学生了解自己所处的"湖湘文化"这一历史文化环境，感受、体悟这份深厚底蕴，培养他们热爱湖湘文化的情感，使其在丰富的阅读与实践中自觉传承湖湘文化精神的精髓，提升学生的核心素养，实现个体的全面发展。

一、麓山系列大讲堂，传承"湖湘文化"精神

　　著名作家唐浩明认为，湖湘文化之魂，可以概括为八个字：心系天下，敢为人先。湖湘学派学者周兴旺概括为以下四个方面：淳朴重义，勇敢尚武，经世致用，自强不息。经世致用，爱国忧民，自强不息，敢为人先，成为湖湘文化的基本精神。[②] 为了引领麓小学子切身体验和感受优秀传统文化、弘扬湖湘精神，从 2015 年开始，麓山国际实验小学开辟了一个学习弘扬中华优秀传统文化的精神殿堂——麓山大讲堂。江永女书传承人蒲丽娟、花瑶文化传承人

① 成尚荣：《核心素养的中国表达》，《中国教育报》2016 年 9 月 19 日第 3 版。
② 陈代湘：《湖湘学案》，湖南人民出版社，1999 年。

刘启后、儿童文学作家梅子涵等名家名人都登上麓山大讲堂为学生开讲。同时，爱好文学、历史的家长和老师，甚至在校的学生也可以在麓山大讲堂分享故事。

❖ **案例1：**

大美在民间

——"麓山大讲堂"一年级专场

民间美术是我们国家宝贵的文化遗产，每个中国人都有责任保护与传承她。可是，你知道什么是民间美术吗？你知道民间美术有哪些种类吗？

图5-1　"大美在民间"美术课专场

3月28日，这是一个阳光明媚的美好春日。为了让孩子们了解生活里的民间文化，激发孩子们对民间文化的热爱，更好地传承与保护民间文化，来自湖南商务学院艺术设计专业副教授虢海燕女士走进了"麓山大讲堂"，给一年级的全体小朋友上了一堂主题为"大美在民间"的美术课。

首先，一年级年级组组长杨池珍老师向孩子们热情地介绍了虢老师，介绍了今天的课程。台下六百多个孩子的好奇心瞬间被调动起来，他们个个端身坐好，翘首以盼。

虢老师给孩子们介绍了什么是民间美术以及民间美术的种类。她温柔的语调，和她展示的一张张精美图片、一段段生动视频，无不深深吸引着孩子们的目光。

丰富多彩的剪纸、令人敬佩的"剪花娘子"库淑兰、象征吉祥喜庆之意的年画、闻名遐迩的四大刺绣……孩子们跟着虢老师饶有兴趣地边读边记。还有来自各地就地取材制成的雕塑，让孩子们大开眼界，大家无不感叹艺术家的创造力。虢老师还展示了孩子们最喜爱的风筝和玩具。大千世界无奇不有，真佩服劳动人民的智慧！

　　虢老师邀请杨老师和她的助手谢老师一起，现场展示了她带来的各种各样的民间美术实物，让孩子们大饱眼福。一群喜爱美术的一年级小朋友被虢老师邀请作为小模特上台协助她做展示，这让台下的孩子们羡慕不已。

　　课堂中间穿插有奖问答环节，把课堂气氛推向了一个又一个高潮。虢老师给回答的孩子们一个个送上精美的民间美术小作品，作为纪念。听得认真的孩子代表跟老师一起合影留念。

　　最后学生代表向虢老师敬献鲜花，教务处向春芳主任给虢老师颁发"麓山大讲堂"嘉宾证书。

　　大美在民间！也许，这是一扇窗，孩子们透过这儿看到的却是一个广阔的民间美术的世界，民族文化的世界！

二、科学家进校园，激发科学信念

　　榜样的力量是无穷无尽的。为培养青少年学生热爱科学、崇尚科学、勇攀科学高峰的志向，全面提高学生科学素养，推进学校及社会素质教育的全面发展，麓山国际实验小学坚持开展"科学，您好——科学家进校园"科普系列活动，多位科学家走进学校，走近孩子，为学生带来了多场精彩讲座。

❖ 案例 2：

我们有院士校外辅导员了
——"黑科技"走进麓小校园

　　无人驾驶汽车、无人机、学习机器人、服务机器人、围棋机器人、3D 绘画、VR 体验、未来课堂……5 月 23 日，在长沙麓山国际实验小学的校园里，正在举办一场特殊的"遇见 AI，预见未来"科普嘉年华活动，让孩子们与机器人亲密接触。在这里，不仅孩子们真实地"遇见"未来，也开启了一场关注人工智能与创新教育的思享会。

　　麓山国际实验小学作为湖南省教育学会创客教育中心常务理事单位、湖南省中小学创客教育基地，很荣幸承办了此次活动。在开幕式上，党支部书记龚拥军做了热情洋溢的致辞，并代表学校少先队聘请中国工程院院士、中南大学教授、博士生导师何继善为麓山国际实验小学少先队校外辅导员，少先队员代表为何院士戴上了红领巾。

　　在科普报告会上，何继善院士以"小小发明家"张荣景的故事为例，将科技创新背后的"秘密"一一道来。作为中国工程院首批院士，何继善首创广域电磁法为地球"号脉"，被誉为"给地球'做 CT'的第一人"，此项技术具备

图5-2　何继善院士受聘为我校校外辅导员

完全自主知识产权的中国地球物理勘探理论。以该理论为基础而研发的广域电磁仪，也是我国唯一用自主理论指导研发的自主地球物理勘探装备，使我国的地球物理勘探装备研发实现了由仿制到完全自主创新的根本性转变。

"授人以鱼不如授人以渔，授人以渔不如授人以欲，"何继善说，他怀念70年前的老师，"是老师给了我知识，让创新的源泉涌流。"在他看来，在学生进行发明创造的过程中，培养兴趣、激发学习热情尤为重要："老师在教学中应采用启发式教学方式，培养学生独立思考的能力和质疑精神。"

科学家进校园活动的开展以一种新颖的方式带领学生走进科学世界，学习科学知识，有效实现教学互动与资源共享。"人工智能""神奇的载人航天""科学精神""人类基因"等多个主题演讲不仅拓宽了学生的知识面，还为学生的科技创新梦想打开了一道新的大门。

❖ **案例3:**

航天英雄杨利伟与我校少先队员面对面

每年4月24日为"中国航天日"。中国航天日，是为了纪念中国航天事业成就，发扬中国航天精神，激发全民尤其是青少年崇尚科学、探索未知、敢于创新的热情而设立。

4月24日，杨利伟将军来到长沙参加中国航天大会国际青少年航天教育论坛，抽出休息时间，与我校受邀参加本次论坛的队员代表面对面交流。

在与航天英雄杨利伟的交流中，孩子们表达了对神奇太空的向往及航天知识的浓厚兴趣，希望有一天能成为一名航天员，报效祖国。杨利伟鼓励了孩子们的志向，希望他们能不怕困难，努力学习，勇于追梦。

航天英雄杨利伟将军通过《麓山枫》杂志向少先队员们了解了我们学校的

图5-3　杨利伟将军与麓小学子面对面

发展情况，在交流现场，杨利伟将军为我校校刊题字寄语队员努力学习。

随后，同学们跟随杨将军参观了"航天放飞中国梦"庆祝新中国成立70周年中国航天成就展，他们惊叹祖国航天事业取得的巨大成就，希望自己能不断学习知识，增强本领，长大有机会探索太空，为祖国的繁荣昌盛贡献自己的力量。

"希望你们在学习生活中，能勇敢面对困难，努力学习，放飞梦想！"面对来自我校怀揣着航天梦想、从小立志报国的少先队员代表，航天英雄杨利伟将军的寄语既鼓舞人心，又语重心长。

科学的力量让学生对科学强国有了更深刻的认识与理解，更加坚定了学子们的科学信念，激发了学生的探索精神，点亮了未来。

三、知名人士讲学，润泽湖湘名人情怀

为了让麓小学子从小受到湖湘文化的熏陶，升华对湖湘精神的体验，学校多次邀请知名作家、演诵家等进校园开展讲学活动，如：邀请了著名的演诵名家吕铭老师给学生带来了精彩的湖湘文化诗会；邀请了湘籍作家如汤素兰、邓湘子、邓皓等来学校开展讲学活动。其中，湖南作家邓湘子先生来校演讲的活动影响就十分重大，他为学生带来了"阅读与写作的启蒙"讲座，深受学生喜爱。以下是邓湘子来校讲学活动方案：

❖ **案例 4：**

"阅读与写作的启蒙"

——麓山大讲堂活动方案

活动主题："聆听专家声音　叩响文学之门"

活动策划：小学教导处、小学语文教研组

活动安排：

时 间	内 容	负责人	执教者	地 点
第二周 周日下午	"阅读与写作的启蒙"讲座	邹玲静	邓湘子	一楼多媒体教室
第三至十八周	分年级培训：阅读与写作	邹玲静	《小学生导刊》 编辑部成员	各年级教室

通过与知名作家、演诵名家近距离接触，学生的阅读热情和学习热情得到激发，文学的种子就此播下。同时，他们也从这些湖湘名人的身上感受到了浓浓的乡土情结，培养了他们对湖湘文化的热爱，从小种下传承并发扬湖湘精神的种子，增强了学生的民族自尊心和爱国主义感情。

第二节 校园文化节丰厚文化底蕴

为了丰富校园文化建设，让德育实践活动规范化、系统化、集约化，让学生文化素养得到提升，麓山国际实验小学设置了六大主题文化活动月——"六大节"活动，即上半年的科学创新节、生命健康节、校园艺术节，下半年的体育文化节、人文阅读节、国际文化节。"六大节"把各项主题活动纳入其中，用同一个平台，构建不同主体。这六大节精心策划，师生及家长参与热情高，丰厚了学生的文化底蕴，丰富了学生的精神世界，为学生人文素养的培育奠定了良好的基础。

一、人文阅读节——让学生丰盈精神，厚积薄发

金色童年，书香伴成长；人文麓小，家校共创建。学校一年一度举办的人文阅读节旨在大力弘扬传统文化，不断坚定民族文化自信，让书香浸润校园，用经典点亮人生。为了引领全校师生读最经典的书、做有根基的人，引领每一个麓小学子博览群书，增长见识，发挥潜能，全面提升综合素养，学校在人文阅读节设计了一系列精彩纷呈的特色活动：亲子共读，定格温馨时光；师生共读，采撷智慧之花；生生共读，滋养浩然之气；配画古诗文，探寻经典之美；写好中国字，抒发爱国豪情；吟诵经典诗文，润泽美好心灵。一次次好书交流会，学生在思辨中激扬智慧；一场场"麓小大讲堂"，师生在分享中神采奕奕，校园处处洋溢着阅读的热情，时时传递出阅读的喜悦。每一个麓小人，都在阅读中探索世界，向阳而生。

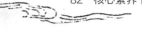

❖ **案例 5：**

<h2 style="text-align:center">人文阅读节活动倡议书</h2>

尊敬的老师、亲爱的同学：

你热爱读书吗？经常读书吗？品尝过读书的快乐吗？莎士比亚说过：生活中没有书籍，就好像没有阳光；生活中没有书籍，就好像鸟儿没了翅膀。的确，书是我们的良师益友。读书，关系到一个人的人文素质，关乎一所学校的文化品位，关乎社会的发展和进步！

为营造"多读书、好读书、读好书"的文化氛围，让读书成为我们每一个人的自觉习惯，在我校第十一届人文阅读节到来之际，我们诚挚地向全校师生发出如下倡议：

一、开卷有益——我们爱读书！书籍是人类的精神食粮，是人类走向文明与进步的阶梯，是幸福和快乐之源。我校二年级和四年级即将分别开展"童话故事觅童趣"和"回眸经典，古韵飘香"语文学科游艺活动，通过制作书签和游艺的形式让阅读快乐发生。

二、良师益友——我们读好书！好书是能遮挡风雨的伞，好书是明亮的灯塔，好书是智慧的源泉。我们要和好书为友，与知识同行。六年级将进行"爱经典诗词，扬传统文化"活动，通过经典诗文背诵比赛的方式，帮助学生体味人生、陶冶情操、健全人格。

三、行万里路——我们多读书！我们倡议互助共学，广泛开展读书交流活动。为此，一年级的弟弟妹妹将和五年级的哥哥姐姐开展"大手拉小手，阅读齐步走"共读一本书活动，学生以文会友，共同进步。

四、学海无涯——我们勤读书！还有三年级将开展"趣读人物，乐享交流"游艺活动，学生制作人物名片，交流读书心得，在书的海洋里执着探索，去收获智慧的果实，开启知识的宝藏。

老师们，同学们，一起读书吧！让我们营造充满书香的家、充满书香的教室和充满书香的校园。美好的明天，从读书开始！

二、校园艺术节——让学生展现独特的自我

艺术崇尚完美，即使永远无法企及，过程就是一切。不管是音乐还是绘画，都是让学生一边学习，一边度过愉快的时光。"艺术让学生保有独特的自我。"麓山国际实验小学校园艺术节是个五彩缤纷的大舞台，将学生多才多艺的一面尽情展示出来。学生在舞台上尽情表现艺术才华，舞蹈、器乐、合唱、校园剧

等形式丰富的节目，尽显校园艺术魅力与个人、团队的风采。每年的"四星大赛（歌星、舞星、乐星、综合表演星）"更像是一场欢乐的盛会，师生及家长乐在其中。艺术节中美术、书法作品也令人目不暇接，文化大厅、走廊过道，学生的作品缤纷出彩，为丰富的校园文化生活锦上添花。校园艺术节传承着优秀的民族文化和时代精神，激励着麓小学子更加意气风发，向上向善。

❖ **案例 6：**

第十七届校园艺术节活动方案

为了贯彻落实十九大精神，加强未成年人思想道德建设，深入推进素质教育，丰富校园文化生活，根据长沙市教育局〔2019〕31号文件的要求，我校将开展 2019 年第十七届校园艺术节活动。

一、活动目的

通过校园艺术节活动，促进学校艺术工作的开展，丰富校园文化生活，营造向真、向善、向美的校园文化艺术氛围；实施艺术教育的创新理念，提高我校班级团队意识和个人艺术涵养，为学生展示个人才艺与风采搭建舞台，培养学生高雅的艺术欣赏能力和艺术表现能力，充分展现当代中小学生积极向上的精神风貌和健康高雅的审美情趣。

二、领导机构

1. 领导小组：黄斌、龚拥军、戴伍军、聂琴

2. 工作小组：

　　组长：向春芳、沈毅

　　组员：杨池珍、武文碧、邹玲静、瞿新国、叶俊、袁超智、唐娜、蔡东阳、成艳、曹健斌、朱志慧、李富维、李恋、李光华、谭婧婷、彭海英、方育龙及全体班主任、全体音乐老师、全体美术老师

三、活动对象、地点

全校 1—6 年级学生、文华报告厅、美术教室。

四、活动主题及形式

本次艺术节以"快乐童年 放飞梦想"为主题，开展麓山国际实验小学第十七届校园艺术节系列活动，本次校园艺术节以音乐与美术艺术活动展开。

音乐类

一、以校"四星"大赛暨 2019 长沙市中小学生三独比赛校内选拔赛

"四星"大赛分初赛、决赛，初赛在音乐课中进行班级选拔，决赛时登上学校大舞台进行年级赛，在年级赛决赛中产生出年级"最闪耀小歌星""最闪耀小

舞星""最闪耀小乐星"和"最闪耀综合表演星",还会产生最佳人气奖、最佳表现力奖、最佳风采奖,优秀的小选手入围获得参加长沙市中小学生三独比赛推选资格。

二、开展以校园戏剧、朗诵为主题的年级风采大赛

校园戏剧含校园短剧、小品、课本剧、歌舞剧、音乐剧等,人数不超过8人,演出时间不超过12分钟。朗诵人数不少于2人、不超过8人(含伴奏),时间不超过5分钟。

三、长沙市中小学艺术展演(舞蹈、合唱、民乐)系列活动启动开展

通过以上艺术活动的开展积极做好长沙市中小学校园艺术节三独比赛的前期选拔活动,及长沙市中小学艺术展演参赛节目的选拔,让每个学生都能参与艺术活动,从而提高学生审美和人文素养,促进学生健康成长。

四、主要措施

(一)四星大赛简介

四星大赛所包含的内容有独唱(歌唱之星)、独奏(演奏之星)、独舞(舞蹈之星)、乐星(表演之星),每项的具体要求如下:

歌唱之星:独唱,演唱时间不超过2分钟,自带伴奏。

演奏之星:独奏,演奏时间不超过2分钟,除钢琴外其他乐器自带。

舞蹈之星:独舞,表演时间不超过2分钟,自带伴奏、道具。

表演之星:除上面三项之外的其他舞台艺术形式(如相声、小品、戏曲等),但人数不得超过3人。

四星大赛中产生出的优秀选手(除表演之星)将推送参加教育局举办的长沙市中小学生三独比赛。

(二)活动规则

1. 四星大赛:比赛分初选(音乐课堂班级赛场)、决选(年级赛场)。

年级个人参与人数达到十人以上加1分,每增加五人加1分,比赛分一年级、二年级、三年级、四五六年级共四场,决赛中每个年级评选出歌唱之星、演奏之星、舞蹈之星、表演之星各一名(四颗星),此外还将评选出最佳舞台表现力奖、最佳表演潜力奖、最佳人气奖等各类奖项若干名。

2. 本次艺术节也将评出各年级优秀组织班级奖一名。

(三)活动评委:行政干部、年级组组长及音乐组老师

(四)活动评分

活动评分采取10分制,评委评分中去掉最高分和最低分所得平均分为最终

成绩。评判标准如下：

歌唱之星：1. 歌唱技巧（3分）2. 音准音色（3分）3. 舞台表现力（1.5分）4. 歌曲难度（1.5分）5. 整体着装（1分）。

演奏之星：1. 演奏技巧（3分）2. 音准音色（3分）3. 舞台表现力（1.5分）4. 乐曲难度（1.5分）5. 整体着装（1分）。

舞蹈之星：1. 舞蹈技巧（3分）2. 舞台表现力（3分）3. 舞蹈难度（2分）4. 整体着装（2分）。

表演之星：1. 表演技巧（3分）2. 舞台表现力（3分）3. 剧本内容（2分）4. 整体着装（2分）。

五、部门任务分工

任　务　分　解	责任部门及人员
传达市教育局文件精神，协调各部门推进发动、宣传工作。	办公室、学生处、年级组长、全体班主任
具体组织比赛初赛的报名、选拔及相关资料的报送工作	音乐教研组（成艳、涂好、孙珊、欧阳瑶芳、李琼、王可、郑媚、张艺蓝、胡婷、夏婷、欧阳沛舒、姚路遥、强德嘉）

六、时间工作安排

1. 2019 年 4 月 8 日，启动阶段。制定初赛实施方案，向学生及家长发出倡议，营造人人报名参加的良好氛围。

2. 2019 年 5 月 6 日—5 月 10 日，初赛阶段选拔。在各班音乐课上进行选拔，入围学生进入决赛。

3. 2019 年 5 月 13 日—5 月 17 日，决赛阶段选拔。选出入围参加长沙市中小学生三独比赛名单。

4. 2019 年 5 月 27 日—5 月 31 日，年级风采大赛初赛与决赛。

美术类

绘画、书法、摄影比赛

一、参赛对象

我校 1—6 年级学生均可参加。按照年级分为小学小低组（1—3 年级）、小学小高组（4—6 年级）。

二、内容与主题

参赛作品要求围绕"阳光下成长"主题，献礼祖国 70 周年。

三、形式与要求

美术比赛种类分为四类：绘画、软笔书法、硬笔书法、摄影。每幅作品请

统一在作品背面右下角贴上标签，标签格式如下：

学生姓名	
学校、年级	长沙麓山国际实验小学＿＿＿年级
作品名称	
作品种类	

（一）绘画作品要求

国画、水彩／水粉画（丙烯画）、版画，或其他画种。尺寸：国画不超过四尺宣纸（69 cm×138 cm），卡通画：单幅尺寸为4开；或短篇4格，每格尺寸为16开。其他画种均不超过四开（40 cm×60 cm）。

（二）书法作品要求

软、硬笔书法字体不限，软笔书法尺寸均不超过四尺宣纸（69 cm×138 cm）；硬笔书法尺寸均为A4纸；篆刻作品不少于四方。

（三）摄影作品要求

单张照和组照（每组不超过4幅，须标明顺序号）尺寸均为30.48 cm×35.56 cm；除影调处理外，不得利用电脑和暗房技术擅改影像原貌。

四、参赛方式

（一）上交作品：2019年4月12日前，将作品交给本班的美术、书法老师。

（二）赛制设置

1. 初赛

由学校组织评审，选拔优秀选手统一报名参加市级赛。参赛作品须由参赛选手独立完成。

2. 决赛

（1）现场赛（摄影作品除外）

初赛结束后，由长沙市教育局进行专家评审会，评审出一定比例的入围作品，再参加市教育局组织的现场赛；因个人原因不能参加现场比赛的作者将视为三等奖。入围名单于2019年5月20日—24日公布。

现场赛所需纸张（按文件要求的尺寸）、工具、材料均由参赛选手自行准备，在规定的时间内完成主题作品并当场提交。现场赛时间、地点、具体赛场设置另行通知。

（2）作品赛

非入围现场赛作品，均以初赛选送作品参加评审。

所有参赛作品均不退稿。

五、奖励办法

分组设立书法、绘画和摄影作品的一、二、三等奖和纪念奖。

六、报名事项

（一）报名方式

报名表请各单位自行到美术活动 QQ 群下载，群号：229642188，并请在指定时间内将报名表格发送到 zgcssng@163.com 邮箱。

（二）报名截止时间

1. 2019 年 4 月 12 日。逾期不予办理报名手续。

（学生将绘画、书法、摄影作品交给本班美术或书法老师）

2. 报名地点：博学楼四楼美术办公室。

三、体育文化节——让学生自我发现和自我超越

学校一年一度的体育文化节是落实素质教育的具体行动，是学校贯彻落实《国家学生体质健康标准》的一个侧面，是学生展示自我、锻造自我、悦纳自我的最好契机，也是对学校学生体育运动水平的一次大检验，其目的在于给学生展示个性特长、体育锻炼提供平台，营造一种共同参与体育活动的校园文化氛围。体育文化节有丰富多彩的体育竞赛活动和体育文化展示，包括开幕式、阳光运动会、班级篮球联赛、跳短绳比赛和班级体育文化展示等。一张张定格的笑脸，一句句铿锵的誓言，一个个运动的身影，凝聚的是集体的智慧、团队的力量，展现的是昂扬的斗志、自信的力量。

❖ **案例 7：**

童心悦动·向阳成长

——麓山国际实验小学第八届校园体育文化节暨第二十二届秋季运动会开幕式致辞

尊敬的各位领导、老师、家长朋友，亲爱的同学们：

大家好！

此时此刻，我们心潮澎湃，豪情满怀。今天的麓小校园，披戴着节日的盛装，荡漾着节日的欢畅。我们的操场上，乐曲激昂，旌旗飘扬，学生的步伐矫健铿锵，英姿飒爽、意气风发！

在此，我谨代表学校对本次体育文化节的举行表示热烈的祝贺！向筹备这次体育盛会的各位老师表示衷心的感谢！向参加这次体育文化节的全体运动员、裁判员致以亲切的问候和诚挚的敬意！

少年兴则国家兴，少年强则国家强。今天，我们在此隆重举行以"童心悦

动、向阳成长"为主题的麓山国际实验小学第八届校园体育文化节，积极响应习近平总书记"广泛开展全民健身活动，加快推进体育强国"的号召，强健学生的体魄、愉悦学生的身心、锻炼学生的意志、健全学生的人格、优雅学生的灵魂，让学生能够为夺取新时代中国特色社会主义伟大胜利、实现中华民族伟大复兴的中国梦建功立业！

体育是智慧的角逐，是策略的较量；体育是美丽的展示，是理想的飞扬。今天，体育已经成为麓小的一张特色名片，全国青少年校园足球特色学校、2017年湖南省青少年足球赛冠军学校、长沙市定向越野特色学校、国际象棋特色学校、长沙市中小学大课间体育类竞赛小学组一等奖等荣誉，都一一见证和褒奖了全体麓小人的坚守和努力。感谢大家敢打敢拼、坚持到底、永不放弃！

老师们、同学们，古老的奥林匹斯山上，熊熊燃烧的圣火，点亮的不仅是"更高更快更强"的奥运精神，更是"现代奥林匹克之父"顾拜旦"奥林匹克之美不在于胜利，而在于参与"的人文精髓。乘运动之帆，为理想呐喊。我衷心祝愿各位运动员在赛场上一展矫健的身姿，希望大家发扬团结协作、奋勇拼搏的体育精神，赛出水平，赛出友谊，赛出风格！希望本届体育文化节能延续往届的优良传统，充分展示麓小师生追求卓越、永不满足的精神风貌！希望全体裁判员以严谨、公正的态度自始至终做好裁判工作，大会工作人员各司其职、通力合作，努力为大家提供优质的服务，也希望全体同学提高安全意识，做文明观众，使本次运动会安全、有序、文明、高效。

最后，预祝我们的运动健儿勇创佳绩！

预祝本次体育文化节取得圆满成功！

谢谢大家！

（龚拥军）

四、科学创新节——让学生探究与创新、体验与成长

科技无处不在，大到宇宙航天，小到衣食住行，既遥不可及，又息息相关。为引领学生发展科学素养，培养创新能力，学校一年一度的科技文化节围绕着"创新、体验、成长"的主题，融入了很多学生感兴趣的活动，不仅有科普宣传、科技竞赛，还有数学知识阅读、数学经典游戏等活动。系列活动持续一个月，学校会表彰积极参与活动的优秀班级，评选一批科技之星、数学之星，优秀作品在活动中进行展示。通过这个舞台，学生不仅能展现出他们独具匠心的科技作品，更能绽放出他们的梦想与激情。灵感在闪光，智慧在碰撞，每位麓

小学子都带给我们不一样的精彩。

❖ **案例 8：**

缤纷泡泡扬童年，创意比比历成长

2018 年 3 月 12 日上午，麓山国际实验小学 2018 年"创新、体验、环保"科学创新节在一场奇幻泡泡秀中拉开了帷幕。同学们一浪高过一浪的欢呼声，让"科学月"的到来成了每一个孩子的期待！

谷丰路校区科学文化节开幕式采用电视直播的方式进行。对去年同学们取得的科技竞赛成绩进行总结和表彰后，由科学组老师们表演泡泡秀，同时也邀请了数学老师和部分同学参与表演。孩子们看着电视里的表演，一个个都兴奋极了，都希望能现场亲自感受。科学组的老师们也承诺大家："在这次科学创新节表现优秀的孩子，闭幕式就由你们来表演哦！"最后，龚拥军书记宣布：第七届麓小校园科学文化节开幕！

望月湖校区科学文化节开幕式在室内操场进行。首先，四、五、六年级的学生代表介绍了往年的科学创新节和今年的科学创新节，全体师生都能感受到传承和期待。接着就是科学实验秀的时间：四年级的孩子制造了泡泡雨，五年级的孩子跟着音乐制作了一个又一个把人装起来的大泡泡，六年的孩子则带来了充满视觉冲击的"大象牙膏"化学实验！整个开幕式孩子们的惊呼声不绝于耳，每个人都踮着脚尖、伸长了脖子！最后，在一片热烈的气氛中沈毅主任宣布科学创新节开幕！

在接下来的"科学月"中，谷丰路、望月湖校区将开展一系列科技探究活动，让每一个孩子都能参与和体验。针对不同年龄的孩子，设计了符合年龄特点的科技探究活动：如低年级的同学图形大比拼、探究表面张力回形针轻松水上漂等系列活动；高年级的环保小卫士机器人操作体验、风力发电场环保模型拼装、玩转立体、新能源新科技知识竞答等活动。同学们一定会从中感受到科学的无穷魅力！相信我们麓小的每一个孩子在科学创新节中都能有所得。麓小一定会成为培养新一代科学家的沃土！

五、生命健康节——让学生敬畏生命，热爱生命

生命教育是心理健康教育的重要主题，心理健康教育是一种隐形的教育，是一种潜移默化、润物无声的教育，其目的在于使学生学会学习和生活，正确认识自我，增强调控情绪、承受挫折、适应环境的能力，培养学生健全的人格和良好的个性心理品质。麓山国际实验小学充分考虑学生的年龄特征和个性特

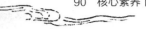
征，开展形式多样、针对性强的心育活动，如低年级的心理拓展游戏和亲子游戏，高年级的青春期心理讲座等，把学生作为活动的主体，重视学生的个体差异和亲身体验，通过活动来提高学生的心理素质和心理健康水平。

❖ **案例9：**

热爱生命，放飞心灵
——第九届生命健康节开幕式致辞

各位老师、亲爱的同学：

早上好！

世界卫生组织提出了人类新的健康标准，这一标准包括身体和精神健康两个部分。学校本届生命健康节以"热爱生命，放飞心灵"为主题，是一次全校性的心理健康教育活动，它将以丰富的活动形式，让同学们在心灵的互动中认识自己，悦纳自己，关爱他人，体验责任，心存感激。在精彩纷呈、趣味盎然的活动中，积极倡导健康人生，健康心理。同学们将通过一系列活动，充分体验心灵的快乐，从中感受关爱，感知自我。

我代表所有麓小老师向全体同学倡导，不仅仅是在活动期间，更应该在以后的人生中：

1. 多学习心理保健知识。阅读心理保健的书籍，参加心理健康活动，增强自我调节和自我控制的能力。

2. 多进行交流，和老师、父母、同学聊聊天，分担烦恼，分享快乐，不论流泪还是微笑，让我们并肩走过。

3. 多给心灵一分关注。在人生的旅途中，我们需要不断地检视自我，塑造和谐心灵，才能拥有美丽心情。主动关爱他人，积极回报社会，笑对风云人生。遇到困扰时，勇敢敞开心扉，让阳光照亮你的心田，帮你拨云见日，迎接美好。

亲爱的同学们，麓小所有的老师都愿意成为一名深情的倾听者，聆听每一朵花开的声音；我们愿意成为一名指点迷津的引路人，为你分担成长的烦恼；我们愿意成为一名好的船长，助你把握人生的船舵，扬帆远航！

最后，预祝本次活动取得圆满成功！我宣布，长沙麓山国际实验小学"热爱生命，放飞心灵"第九届生命健康节，开幕！

（龚拥军）

六、国际文化节——让学生拥有中国情怀、国际视野

麓山国际实验小学的国际文化节遵循一切活动皆课程的教育理念，积极构建外语特色教育的文化环境，立足于培养讲好中国故事的世界公民，提升学生的英语学科素养，把外语特色教育有机地融于整个学校教育之中，积极开展丰富多彩的学科活动，推动学生素质全面健康发展。活动重在体验和全员参与，让学生在轻松欢快的氛围中体验和学习外国文化，丰富学生的课余文化生活。并以此活动为契机，为学生提供表演和展示的舞台，展示"根生中国，花开世界"的麓小学子风采！

第三节　美育新课程涵养审美情趣

人文素养的培育对于一个人的审美情趣与艺术精神的涵养，对于一个人美好生活的追求具有非常重要的意义。而中华美育精神是中华优秀传统文化的精髓，它包含深厚的自然、艺术、人文底蕴，体现了中华审美与艺术传统的精神特质，是引导学生建立文化自信的根本。麓山国际实验小学结合新的时代要求，传承和弘扬中华优秀传统文化，从传统文化中汲取智慧，传承和弘扬中华美学精神。开设馆校合作美育课程和传统文化经典美学课程，引导学生在参与和体验中学习中华优秀传统文化艺术知识、技能与方法，学会发现、感知、欣赏、评价美，让学生在切身感受中华优秀传统文化美的同时，提升其鉴赏美的能力，培养其高尚的欣赏趣味和人格，同时可以树立学生民族文化自信，培养学生民族文化认同，积淀学生民族文化底蕴，浸染学生民族文化精神。

一、美美与共，"馆校合作"美育课程焕发新活力

2014 年，教育部颁布了《完善中华优秀传统文化指导纲要》，其中明确提出，要注重发挥课外活动和社会实践、充分利用博物馆等公共文化机构。近年来，党和国家高度重视发挥博物馆对青少年的教育功能，博物馆对青少年的教育功能得到了各界的高度重视。国家文物局更是在 2019 年启动了首批博物馆进校园的系列示范项目，并选取了第一批馆校合作试点。2020 年，教育部与国家文物局联合发布了《关于利用博物馆资源开展中小学教育教学的意见》（以下简称"《意见》"），进一步促进馆校合作机制的建立健全，全国各地纷纷制定了有关博物馆青少年教育的制度文件推动《意见》落地实施，并且开展了卓有成效的实践探索。

长沙麓山国际实验小学"馆校合作"美育模式

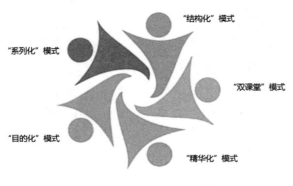

图5-4　"馆校合作"五种模式

湖南省博物馆与长沙市教育局、长沙市教育科学研究院合作，联合长沙麓山国际实验小学等多所学校及湖南省美术出版社，持续开发了针对不同学段、不同主题的教育微课程，将博物馆教育员解读展览与美术教师博物馆授课有效衔接，以育人为目的，借助博物馆美育资源助力青少年健康成长，推动中小学生利用博物馆资源开展学习，促进博物馆与学校教学、综合实践有机结合，形成了"馆校合作"的美育新模式，使博物馆美育焕发出新的活力，融入时代文化发展的主旋律。

（一）"结构化"模式

利用学校课程的"结构化"模式重组学习资源，让学生结合博物馆资源与美术教材内容进行系统化学习，避免了走马观花的观展方式，改变了学生难以理解和过后既忘的学习现状。大量文献以及从课程开设后的效果来看，与校内美术课程相比，在"馆校合作"美育课程中，学生通过观察、对比、发现、总结等方式，所获得的体验感更胜于阅读文字或欣赏图片材料。和文物的面对面体验不仅让学生的认知活动和情感得到提升，而且让学生从中获得了知识，提升了审美感受，增强了感知世界的能力。

❖ **案例 10：**

"馆校合作"课例

——发现美丽

教师：米健

教学过程

课　题	发现美丽	课型：造型表现
		课时：一课时
教学目标	1. 通过欣赏、观察、分析秘鲁的古老艺术品与中国汉代 T 形帛画，感受东西方艺术不同的美，寻找其中相似的表现方法 2. 运用所学方法结合自然界中物体形象特点，大胆创作自己心目中的艺术形象 3. 激发学生审美创作热情，培养海纳百川的艺术情怀	

（续表）

教学重点	通过欣赏、观察、分析秘鲁的古老艺术品与中国汉代 T 形帛画,感受东西方艺术不同的美,寻找其中相似的表现方法
教学难点	将原有物体形象特征结合神话传说,通过联想与变化创造新形象,并赋予新内涵
教学准备	鞋垫若干双,记号笔,油画棒

<table>
<tr><th colspan="3">教　学　过　程</th></tr>
<tr><th>教学环节</th><th>过程与方法</th><th>个性化设计</th></tr>
<tr><td>一、
课前任务</td><td>学前的学习卡:搜集关于你最喜欢的秘鲁文化形象和中国汉代的帛画形象;你觉得这些形象用到了哪些美术表现方法:夸张、变形、重组等</td><td></td></tr>
<tr><td>二、
激趣导入</td><td>1. 师:在历史长河的演变中,艺术作为人类智慧的璀璨结晶,不仅映照历史的风貌,也会引领未来的发展。艺术无国界,文化有共识。古文明创造出无数令人称赞的艺术瑰宝,今天咱们一起以发现美的视角揭秘神秘的艺术世界
2. 教师介绍本次展馆的展品及文化内涵(视频)</td><td></td></tr>
<tr><td>三、感悟</td><td>1. 师:通过观展,接下来咱们结合幻灯片一起来说一说秘鲁的哪些艺术展品让你印象深刻?从形象和色彩上又有什么特点呢? 　(学生:怪诞、简化的几何形体。色彩用红黄蓝绿对比强烈,陶器的色彩也是以暖色调为主) 2. 师:分析古秘鲁和中国文化的相同点 3. 古秘鲁人具有虔诚的神灵信仰,通过想象对神灵进行自然提取和艺术加工,组合成了今天所看到的这些形象,这是古秘鲁的水神,你能谈谈你的理解吗? 4. 明确: | 作品	秘鲁部分艺术品
形象	怪诞、奇特、几何简化图形
色彩	对比色、纯色 | 5. 分析《马王堆汉墓 T 形帛画》(以下简称“《帛画》”),T 形构图的《帛画》分为上中下三个部分,分别描绘了天上、人间、地下的景象和故事,也体现了对未知世界的想象与创造。那么《帛画》中的形象和色彩又有什么样的特点呢?带着问题一起来看一段视频 学生汇报,教师总结(PPT 展示)发现美的方法 | 作品	秘鲁部分艺术品	马王堆汉墓帛画
---	---	---
形象	怪诞、奇特、几何简化图形	传说故事形象、写实性、怪异
色彩	对比色、纯色	色彩单一
方法	简化、夸张、变形、重复、分割重组		 教师总结:古秘鲁部分作品更多的是简化抽象形象的结合,而《帛画》取自古代神话按照现实描绘的景象,作品生动有趣。色彩方面都很鲜艳,但是因材料不同体现的视觉效果也不同,古秘鲁织物用的色彩红黄等纯色较多,而陶器的色彩以暖色为主。《帛画》表现的是工笔重彩绘画,多采用矿物质颜料,艳丽沉稳 6. 师:同学们非常棒,那么创作出这么多有意思的形象的方法有哪些呢?</td><td></td></tr>
</table>

（续表）

教 学 过 程		
教学环节	过程与方法	个性化设计
四、联想	1. 现在请小组讨论（2分钟），结合发现美的方法和传说故事思考岳麓山神或湘江水神会是什么样的形象呢？请学生说。教师画部分局部形象 2. 怎么样用发现美的眼睛寻找这些形象原型并恰当地运用到我们的艺术创作中去呢？ 3. 大家能够这么快速掌握发现美的方法并能灵活运用到形象创造中去，为你们点赞，但是光说还不行，怎么把想法用画表现出来呢？ 4."谁来说一说"创作步骤： （1）根据传说故事选择自然界形象并简化后分割重组成新形象 （2）以点线面的几何形符号完善画面 （3）涂色	
五、学生创作与评价	1. 要求：以小组方式运用发现美的方法设计一幅类似岳麓山神图或湘江水神图的作品（教师相机指导） 2. 评价 分享形象创意来源 生生互评、师生评价 造型怪诞奖 组合有趣奖 色彩搭配奖	
六、拓展	1. 这些形象我们可以运用到生活中去。秘鲁人将这些艺术品进行艺术加工，制作了很多有意思的生活用品来装扮生活 2. 为什么印加帝国被称为失落帝国？（视频邀请博物馆教育员解说介绍） 贪婪的西班牙殖民者为了寻找神话中的"黄金国"于16世纪初，踏上了今天称之为"秘鲁"的土地。正值辉煌的印加帝国在极短的时间内，为几百名西班牙人所征服。这样惨痛的教训也告诫我们，璀璨的古文明需要富强的国家做支撑才能源远流长	
	课 堂 练 习	课外作业
作业布置	以小组方式运用发现美的方法设计一幅类似岳麓山神图或湘江水神图的作品	

板书设计	发现美丽		
	作品	秘鲁部分艺术品	马王堆汉墓帛画
	形象	怪诞、奇特、几何简化图形	传说故事形象、写实性、怪异
	色彩	对比色、纯色	色彩单一
	方法	简化、夸张、变形、重复、分割重组	

（二）"目的化"模式

"了解需求，有的放矢"是"目的化"模式的特点。了解博物馆和学校彼此的要求，是构建双赢的重要因素。大部分博物馆建在城市中心，湖南省博物馆也不例外，相较于城区学生拥有的文化资源和服务，郊区的青少年获得博物馆教育的机会较少。再加上国家对于美育发展的要求，教育部门和博物馆亟需搭建一个合作平台，同时，馆校合作的各种实践也致力于积极构建均等化、广覆盖的博物馆教育网络。因此，"目的化"模式也就更合适。

❖ **案例 11：**

"馆校合作"课例
——时间告诉我：古秘鲁文物之美

教师：朱明子

教学过程

课　　题	时间告诉我：古秘鲁文物之美	课型：综合探索
		课时：一课时
教学目标	1. 了解并学习鉴赏古秘鲁文物的形式美，能够运用多媒体表现同一主题作品，并赋予其文化内涵 2. 能够理解器物造型在时间线上从稚拙到精致的演变 3. 关注时间带来的变化，感受多元文化，培养学生在广泛的文化情景中观察美、欣赏美、创造美的能力	
教学重点	了解并学习鉴赏古秘鲁文物的形式美，能够运用多媒体表现同一主题作品，并赋予其文化内涵	
教学难点	根据相关知识创作有自己理解的作品	
教学准备	学生准备：超轻黏土、彩色卡纸、剪刀 教师准备：PPT、希沃平板、微课视频、导入视频、课程学习卡、四色卡纸30张以上、作品纸、红色展布	

教　　学　　过　　程			
教学环节	**T**	**过程与方法**	**个性化设计**
一、 课前准备	5分钟	1. 播放观展视频，简单了解安第斯文化中具有代表性的文物（纺织品、陶器、金银制品、地画） 2. 浏览学习卡片，说一说自己印象最深的文物是哪件	Hola，Buenas tardes! Bienvenidos a Peru! 欢迎大家来到古秘鲁文化小课堂，前段时间我们一起去了湖南省博物馆，参观了一场来自南美洲的文物展，我们一起来回忆一下 请你浏览学习卡片，分享一下，你印象最深的文物是哪件？

（续表）

		教 学 过 程	
教学环节	T	过程与方法	个性化设计
二、 课堂导入	4 分钟	游戏导入，根据时间线将文物排序，并请学生说一说排列理由	1. 上课开始之前我想和大家玩一个小游戏，我想请你们试着根据时间的先后顺序将这些文物排列一下 问：你的排列依据是什么呢？——造型／工艺。 今天让我们一起走进《时间告诉我：古秘鲁文物之美》 2. 15 000 年前亚洲蒙古人穿过白令海峡来到南美洲大陆，到达安第斯山脉繁衍生息，成为了秘鲁最早的居民，漫长的岁月里，他们创造了辉煌的文明——有宏伟的巨石建筑、造型独特的陶器、精致的金银器、纺织品、神秘的地画等，他们一直没有文字，直到15世纪哥伦布发现南美洲大陆，西班牙入侵后才带来了文字 首先我们看看早期查文文化的石雕椎头，这两个石雕在造型上有什么不同呢？——一个像人，一个像动物 其实这个石雕是古秘鲁人心中的豹神，我们来感受一下豹神造型独特的变化过程。（播放视频，观察变化） 你看到了它怎样的变化？——从人变成獠牙兽面的动物，你能猜猜为什么他们用美洲豹的形象作为他们的神吗？——来自古秘鲁人对力量的原始崇拜 那你认为豹神的变化过程用到了哪些艺术手法呢？——夸张、变形
三、 认知领悟	6 分钟	1. 讲解新授 2. 秘鲁古文物与中国古文物对比展示 3. 学生讨论，教师总结	出示图片：湖南怀化高庙出土的文化陶器上的獠牙兽面神人图像 分析对比艺术特色 观察一下，你认为这两张图用到了什么表现手法呢？ 把几个不同的形象组合在一起，我们称之为分割重组 分割重组怎么用呢，想一想它会有什么特别之处呢？ 学生在平板上操作后，分享自己的设计理由 纳斯卡文化特点分析 再来观察一下这件神话人物纹彩陶杯，它的花纹有些什么内容呢？蝌蚪、青蛙、鱼等，你能推测一下这些形象可能是什么神话人物吗？这些形象都表达了当时人们对雨水的渴望，对水神的崇拜 这几件陶器上都有非常丰富有趣的装饰纹样，你觉得这些纹饰都有什么特点呢？——简化、几何化、爱用点线面 接下来请同学们小组讨论一下，莫切文化在器物的题材上，又有怎样的特点呢？——题材广泛，富有智慧，既是实用器皿，又是崇拜的神，可谓一举两得，十分有智慧 猜猜看，西坎文化与印加帝国，哪个比较久远呢 西坎文化比较久远，印加帝国更重视纹饰的添加。印加帝国是古秘鲁文明的高峰，但它又被称为失落的黄金国 现场连线一下湖南省博物馆教员，听听黄老师的讲解文物有怎样的变化呢？它的器型从稚拙到精致

（续表）

教学环节	T	过程与方法	个性化设计
四、情境创设学生作业	20分钟	1. 情境创设，引导学生思考文化精神的韧性和魅力 2. 播放微课视频，教师示范，使用重复、添加、夸张的方法	1. 我国与秘鲁于1971年11月2日正式建交至今一直都是兄弟国关系，我们今天就用刚刚讲到的方法，为他们做一个小礼物吧 2. 观看微课 3. 学生作业，教师巡视
五、展示评价与拓展	9分钟	1. 小组代表讲解自己的作品 2. 作品悬挂展示成一张大型壁画（将学生的学习卡片粘贴成长条作品），并展示长幅	1. 讲解参考 2. 学生欣赏评价大作品，说一说你认为这是什么（纺织品挂画） 3. 教师出示秘鲁文化中的纺织品。分析互动 4. 文化没有边界，在时间的长河里，要想留下斜阳一笔，只要有自己的想法，运用上恰当的方法，去发现美，创造美，传播美。感谢大家参与今天的博物馆之旅（在音乐中致谢，下课退场）

表格上方标题：**教学过程**

作业布置	课堂练习	课外作业
	合作或独立完成浮雕作品	

（三）"精华化"模式

博物馆有许多文博资源，但缺乏专业的教育人才；学校有一线经验，但知识储备以及文化理解内容缺乏储备。因此，双方的合作，势必成为趋势。"精华化"指的就是这种取长补短、育人成才的方式。

❖ **案例12：**

"馆校合作"课例
——如果文物会说话：IP形象设计

教师：李爽

教学过程

课题	如果文物会说话：IP形象设计	课型：综合探索
		课时：一课时
教学目标	1. 运用简单的平面设计原理进行创作，并遵循一定的形式美法则 2. 运用简化、夸张、变形、添加的表现方法进行组合设计文物IP形象 3. 在美术活动中了解亚洲文明的社会历史、文化渊源，激发热爱生活、民族、艺术的情感	

（续表）

教学重点	运用简化、夸张、变形、添加的表现方法进行组合设计文物 IP 形象
教学难点	运用简单的平面设计原理进行创作
教学准备	任务卡、素材卡、课件、希沃平板、铅笔、素描纸、马克笔等

教 学 过 程			
教学环节	T	过 程 与 方 法	个性化设计
一、导入	5分钟	1. 欣赏博物馆展品 观展学习卡： ①观察亚洲地图，了解亚洲文化 ②找到你所感兴趣的文物，了解它的时代背景、地域文化、器型和纹饰特点 ③你所感兴趣的点是哪一个呢？（色彩/纹饰/器型/其他？） 2. 创设情境：做文明小使者，推广亚洲文化。 文物动起来说话（视频动画） 问：让我们一起来帮助他们吧，那我们需要怎么做呢？ 引入课题	通过有趣的动画，拉近文物与学生之间的距离，激发学生的好奇心，为更好地设计文物 IP 形象做铺垫
二、新课	14分钟	1. 团队分享成果 （1）经过前期的调研与讨论，现在，邀请一个团队来分享一下你们对亚洲文化地图的了解 团队代表分享 （2）请结合它的时代背景、地域文化、器型和纹饰，以及你所感兴趣的点，来给大家分享一下 团队代表分享（学习卡投屏展示） （3）选择你所了解的地域，有哪些有代表性的纹饰、器型、服饰（希沃平板推送归类游戏） 2. 设计形象 （1）出示影视作品《哪吒》中青铜器的 IP 形象 师：左边这张图是影视作品《哪吒》中的两个结界兽，它们都是根据不同文物为原型进行 IP 形象设计的哦，你能猜是哪两个文物吗？ 生回答后再出示文物图。【戴金面罩青铜人头像】【青铜鸟首】 通过艺术的手法，我们就可以让文物变得那么可爱有趣哦 （2）接下来，大家再来看看这些形象，分团队讨论以下两个问题 问题1：IP 形象保留了文物的什么特点？ 问题2：运用了什么艺术手法来表现？ 团队派代表分享讨论答案 问题1：易识别的文物特点：器型、纹饰、颜色 问题2：简化、夸张、变形、添加，而且拟人化，形象	团队代表分享前期的调研与学习成果，用游戏的方式，检测学生自主学习的效果，在轻松愉悦的游戏环境中获取知识 以小组合作方式，锻炼学生的合作意识，同时培养学生自主学习能力及团队意识 利用信息技术的手段以及思维导图的方式让学生更好地进行创作练习 通过对比欣赏、直观体验感受，来理解色彩与表情、动作对形象性格塑造的重要性

（续表）

教 学 过 程			
教学环节	T	过 程 与 方 法	个性化设计
二、新课	4分钟	生动、有趣、可爱、完整 师总结并板书 3. 小练习 接下来，请你们运用刚刚学到的方法，结合团队选择的文物利用思维导图的方式，并画出你们的初稿，然后拍照上传（终端展示评价） 4. 思考与探究 （1）分析颜色：回忆京剧脸谱的色彩 （2）分析表情与动作	
三、创作体验	6分钟	1. 学生调整作品，再次创作 创作要求 ① 具有识别性、独特性和创意性 ② 外形简洁 ③ 色彩明快，活泼生动 2. 展示评价 ① 教师使用 AR 软件展示学生作品 ② 团队发言人用演讲的方式介绍自己的作品 根据提示词，以第一人称的身份来介绍作品	
四、拓展	10分钟	拓展：IP 形象周边延伸：在生活中的应用 师：同学们，刚刚我们设计的形象已经具有了一定的艺术表达，接下来我们需要让 IP 形象走进生活，看一看它们还可以在哪些场景中进行延展呢？ 总结：其实，文物形象都具有一定的历史背景与文化内涵，我们应该让文物走出博物馆，用更多样的形象与方式向我们诉说它们的故事，同时让更多的人关注历史，来了解及传承我们的文明	
作业布置		课 堂 练 习	课外作业
		请调整团队作品，给团队的文物形象添画各种有趣的表情和动作吧 创作要求： ① 具有识别性、独特性和创意性 ② 外形简洁 ③ 色彩明快，活泼生动	
板书设计		如果文物会说话：IP 形象设计 文物特点：器型、纹饰、颜色 方法：简化、夸张、变形、添加、拟人化	

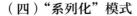

（四）"系列化"模式

为促进博物馆资源与学校教育的有效衔接，激发学生的审美情趣及学习的主动性，学校考虑到不同学龄阶段学生的学情，开创了"系列化"馆校合作美育模式。

系列化模式课程《馆校美术线上课活动系列——博物馆里的美育课》开设后，学生可以通过线上模式来进行系统的课程学习。

（五）"双课堂"模式

因为疫情的原因，馆校合作课程从内容到形式的设计呈现出多样化的发展，从"博物馆馆内课堂"到"博物馆＋校内课堂"的双课堂模式。"双师授课"的教学模式不仅在博物馆馆内授课，还将课堂延伸到学校教室内，实际上这也是一种新的进步，为后续"馆校合作"课程的开设，提供了新的实践方式。

❖ **案例 13：**

"馆校合作"课例
——时间的礼物：小小文物修复师

教师：张红

教学过程

课　　题	时间的礼物：小小文物修复师	课型：造型表现
		课时：一课时
教学目标	1. 尝试赏析欧洲工艺品，学习模仿繁复的造型美进行旧物改造 2. 利用欧洲的装饰方法装饰日常用品，丰富学生多元美术视野 3. 增强学生的民族自信以及对外文化交流情感	
教学重点	体会欧洲艺术品繁复的美感，并对其模仿进行再创造	
教学难点	在创作中保持作品的变化与统一	
教学准备	彩泥、锡箔纸、金箔纸、马赛克砖、纸杯、纸盘等	

		教　学　过　程	
教学环节	**T**	**过　程　与　方　法**	**场　地**
一、 导入 （视频）		博物馆视频："小小文物修复师们，我们这里有一批修复难度很大的文物。由于磨损太严重，它们的装饰已经面目全非了。考古学家只能通过器型推测这批文物可能是 18 世纪欧洲的艺术家来访时的外交礼物，也有可能是当时在中国交流的艺术家在中国所创造的。它们的存在证明了中西方的文化交流，你们的修复任务很重要。由于这些文物十分珍贵，因此请你们先设计制作一个样品，通过审核后，才能开始修复它们。" 师："从器型看来，这些文物极具生活气息呢。正好博物馆正在进行欧洲盛宴展览。让我们一起去看看，作为外交礼物和身份象征的它们，会运用一些什么样的元素，而它们繁复的装饰，又会运用在哪里呢。" 除了欧洲盛宴，中国宫廷也有迹可循	学校内
二、 师生探讨		师："让我们一起来帮助它们吧。" 生："但我们只会修文物，怎么才能帮它们变美呢？" 师："湖南省博物馆正在展出一些 17～18 世纪的文物，它们的装饰精美而繁复，是曾经的权贵们爱不释手的珍品，或许我们能从它们身上，寻找到灵感呢。"	学校内
三、 观赏展览		师："小小文物修复师们，今天我们有幸来参观《欧洲盛宴》展览，大家看到的展品都是精品中的精品，请在观赏的过程中观察并分析，它们在哪些部分用上了繁复的装饰呢？让我们一起跟着博物馆的导览员彭靖岚老师走近它们，了解它们吧，从它们的身上寻找创作灵感吧。" 教育员："15 世纪末，鼻烟开始风靡于欧洲，从皇帝到贵族，都每日随身携带个人定制的鼻烟盒，这些鼻烟盒的材质最初是木材、象牙或贝母，到后来发展为整个器物都用金银打造，或镶嵌宝石，或装饰袖珍肖像画、微型马赛克等工艺。这就是我们今天所看到的这些了。"	湖南省博物馆

（续表）

教　学　过　程			
教学环节	T	过　程　与　方　法	场　地
三、观赏展览		生现场与教育员互动、观展，教育员讲解。 师走到宝石钟琴前。 师："现在谁能小结一下，这些文物的繁复装饰用在什么部分了呢？" 生1："在这个宝石钟琴的侧边、鼻烟盒的盖子上……" 师："那你们有没有观察到，它们是用一些什么元素来装饰的呢？" 生2："我看到了卷草纹，很多物品都有花纹的装饰。" 生3："我看到了很多自然形象，比如这个钟琴上的大象、蝴蝶还有孔雀，还有菠萝代表财富……" 师："是的，从巴洛克艺术开始，欧洲的装饰艺术倾向于从自然中提取元素，莨苕纹，又称罗马卷草纹，就是其中一种十分经典的纹样。此外，自然形象运用在器物上，也是寄予了美好的寓意的。" 教育员回答："对了，在这个宝石钟琴上，大象寓意稳定，孔雀寓意富贵……" 师："嗯，此外，它们的材料组合也很丰富多样，比如绿玉髓镶钻、鹰形杯上的椰壳与金银组合等，都充分体现着繁复之美。这些文物，虽然繁复但充分体现了形式美中的和谐与统一，这是怎么做到的呢？现在请根据你们学过的美术知识，选择你所感兴趣的点，去选取你认为符合形式美的代表并拍照。" 学生在展厅拍照 观展结束	湖南省博物馆
四、新授		回到课堂 师："每一个今天，都是历史的后记，这些精美的文物都是文明与时间的礼物。谁来说一说你的创作灵感？" 师生互动 师："总结得非常精准，但繁复的材料与多元的元素组合在一起，要怎么做到和谐与统一？" 请上传你们拍摄的具有形式美的代表作品，并说一说它是怎么做到和谐统一的。 生："颜色统一、材质统一。" 师：要做到和谐，我们可以从统一的颜色或材料上寻找灵感。不同情况下，可以使用不同的统一方法。 出示一个希沃小游戏。 师："在添加繁复的元素时，我们还有一个小秘诀——巧用重复。" 展示作品图 花纹的重复 图：多层饰盘、宝石琴钟 师："除了这些，其实，我们提到的材料、色彩的统一，也可以说是材料与色彩的重复运用呢。" 师总结："巧用重复不仅能增添作品的繁复美，还能让它们保持和谐、统一。"	学校内

（续表）

教学环节	T	过程与方法	场地
五、创作		借鉴欧洲宫廷元素中的色彩、材料。巧用重复的方法完成旧物改造项目，注意繁复与统一的和谐美 创作组 1. 金银器组。主要利用金银材料制作装饰。银箔纸扭出装饰后，用金色丙烯上色 2. 玉石装饰组。主要用彩泥贴宝石 3. 马赛克拼贴组。用马赛克拼出简单图案作为饰板 4. 动物元素组。以动物为统整形态 5. 吉祥寓意组。每个组都可以交叉但特征明显	学校内
六、作品展评		完成作品，发布"遇见繁复美"展览 每小组在一个区域进行作品展，讲解员负责导赏 吉祥元素主题。中国瓷元素主题、综合材料主题 动画直播界面，文具："谢谢你们，我们收获了很多喜欢呢。"	学校内
七、拓展		师："文明因相同而连接，因不同而成长，中国自古以来的兼容并收的气度，使得许多外来事物都得以融入中国传统，而正因为这样丰富多彩的文化融合，才有了今天令我们骄傲的华夏文明，今天的华夏文明，是时间孕育的礼物。让每一个今天的文明，都是给未来留下时间的礼物。"	学校内
作业布置	课堂练习		课外作业
	借鉴欧洲宫廷元素中的色彩、材料，巧用重复的方法完成旧物改造项目，注意繁复与统一的和谐美		

2020 年，麓山国际实验小学"馆校合作"美育课程项目入选国家文物局第二批博物馆进校园示范项目"汉风文化进校园"项目。学校在该课程开设的政策指导、制度保障和实践探索中，涌现出大量有特色、可推广的案例，积累了宝贵的美育课程经验。

二、人人皆美，"基础＋特色"的美育教育模式开启美的人生

麓山国际实验小学一直坚持五育并举，秉承"面向世界、博采众长、发展个性、奠基人生"的办学理念，倡导"让美育开启孩子美的人生"，以美育德、以美启真、以美储善、以美求索，全面实施素质教育，学校"基础＋特色"的美育教育模式得到了长足发展。

（一）在常规教学中力求人人皆美

1. 落实常规教学

学校确定一名校级领导主管艺术和美育教育，教务处、学生处负责落实

常规教学工作。开足开齐音乐、美术课程，纳入学校课程体系，明确课堂是艺术教育和落实美育目标的主战场，也是提高学生艺术素养的主阵地。积极促进课堂教学研究，逐步建立了"审美、技能和体验"三位一体的艺术课堂教学模式。按照体艺"2+1"的要求，常规教学除了唱游、声乐、欣赏和舞蹈外，还积极推行"小器乐进课堂"，每个年级确定1—2种小器乐，如葫芦丝、巴乌、竹笛和口风琴等，做到班班有歌声、年级有特色、人人能演奏。

2. 将音乐教育与传统文化教育相结合

音乐是中华优秀传统文化的重要组成部分，传承和发展中华优秀传统文化，增强学生的文化自信，是学校音乐教育的基本职责。在音乐课程基础上，增设了形体艺术、戏剧和戏曲等校本课程，创编了国学律动操、千字文手语操等。学校积极挖掘民族、民间艺术资源，把地方花鼓戏、经典民谣、岳麓书院文化、川剧变脸和少数民族文化等融入学校艺术教育之中，丰富了美育课程资源。学校"麓之韵"民乐团的众多原创作品的素材均取自博大精深的湖湘文化之精髓，湘水悠长、楚天辽阔，让传统文化元素浸润学生心田。

3. 创新评价方式

学校创造性地实行美育专项检测。学期之初，各年段依据教材确定检测内容和必唱（奏）曲目，期末教学部门组织检测组进入班级，以书面检测与奏唱展示相结合的方式，对艺术常规教学进行检测和评价，既是作为学生综合素质评价的重要方面，也是教师工作考核的参考依据，让"软任务"成为"硬指标"。用既定的标准评价教师教学效果，改变传统的以平行班成绩对比为单一标准评判优劣的评价方式，创建走向合作共赢的团队环境，让每一个学生都能在常规课堂中落实课程要求，提升美育素养。

（二）在丰富的活动中凸显各美其美

学校注重校园文化建设，营造良好的艺术氛围，秉承"校园一定要有歌声、琴声"的理念，尊重每一个孩子的个性，开设了丰富的拓展课程和活动课程，为孩子搭建施展才华、展现自我的舞台，鼓励每一个孩子做最美的自己。如：每年设立校园艺术节，举行"四星大赛"（歌星、舞星、乐星、综合表演星）、班级艺术展演、红领巾电视台艺术秀等，给学生提供广阔的舞台，充分展示他们的艺术才能，培养学生自信心、创造能力和欣赏能力。学校依托"3点半课程"成立了"麓之韵"民乐团、小荷舞蹈队、声乐队和京剧社等十余个艺术社团和校队，让高雅艺术所承载的"美"提升学生的综合素质，实现从训练到培

养学生艺术素养的转变，也成为学校在艺术教育形式上新的探索，促进了学校特色发展和学生个性成长。

❖ **案例 14：**

纯洁冰雪，激情约会

——麓山国际实验小学舞蹈队赴京参加"共迎未来"

暨中外人文交流小使者迎冬奥倒计时100天展演活动

第 24 届冬季奥林匹克运动会将于 2022 年在北京举办，这是中国又一次举办世界瞩目的体育盛事。为更好地迎接 2022 年北京冬季奥运会，弘扬冰雪文化和奥运精神，北京冬奥组委、教育部联合主办"共迎未来"中外人文交流小使者迎冬奥倒计时 100 天展演活动。

为弘扬奥林匹克精神，激发青少年学生对冰雪运动的热情，助力北京 2022 年冬奥会和冬残奥会，教育部在全国范围内开展了奥林匹克教育示范学校创建活动。在全校师生的共同努力下，长沙麓山国际实验小学被教育部、北京 2022 年冬奥会和冬残奥会组织委员会评为"奥林匹克教育示范校"。

图5-4　麓小学子冬奥会展演

通过全国范围的节目甄选，学校作为"奥林匹克教育示范校"受邀参与此次展演活动，校舞蹈队原创少儿舞蹈《亮光光》登上展演舞台，向全世界展示麓小学子艺术风采！

2020 年，习近平总书记作出重要指示：坚决制止餐饮浪费行为，切实培养节约习惯，全社会营造浪费可耻、节约为荣的氛围，作品《亮光光》就是以此为题材进行创作的原创舞蹈。麓小舞蹈队 28 位小使者倾情演绎，用优美的舞姿、独具特色的舞蹈语言，为北京冬奥会加油助威，用舞蹈的活力表达对冬奥会的热切期盼。

为了落实国务院办公厅印发的《关于全面加强和改进学校美育工作的意见》的精神，学校每年组织艺体教育专题研讨会，对艺术和体育在实施"新课标"

的过程中取得的成效和问题进行回顾，对美育工作进行展望。同时每年学校会表彰在美育教育取得优秀成绩的个人和集体，如颁发"四星"称号、评选文化艺术节优秀班级、表彰艺术工作突出贡献奖等。

（三）在队伍建设中实现美美与共

音乐、美术教师承当着贯彻落实"以美育人、以文化人"的重要使命。学校拥有一支16人组成的"专业过硬、敬业奉献"的音乐教育队伍，成立了音乐教研组。艺术队伍专业化，教师有专长，也实现了教师与学生一起成长。一是讲奉献、善合作。教师拥有"追求卓越，永不满足"的积极状态和忘我的奉献精神。艺术教育和艺术队的训练是艰辛的，成绩的背后必定是百倍的付出。学校音乐组特别注重团队合作力的构建，融合集体智慧。二是坚持常态集体备课制度和学习制度。每周四下午定期组织集体学习和研讨，研教材、教法，研学情、学法，不断更新知识框架，跟上学生学习需求步伐。三是磨炼基本功。"打铁还需自身硬"，学校常态化组织老师通过学习提升声乐、舞蹈、合唱指挥等基本技能。每年开展技能和基本功竞赛，提高基本功示范能力，激励教师专业上的自我成长。四是课题引领。引导教师大胆承担课题研究任务，在研究中发现问题、解决问题。例如《小学形体教学中基于体态管理、预防少年儿童不良体态的认知疫苗》《有效增强小学合唱团凝聚力的策略研究》和《网络联校专递同步课堂实践研究》等课题的研究，成为教师专业成长的重要路径和有力抓手。五是担当社会责任。依托市级网络联校平台，音乐和美术教师定期为四所农村小学进行线上教学，城乡孩子同上音乐课和美术课，同时到农村学校送教，实现名师引领和"强校带薄弱""一校带多校"的发展格局，促进了教育均衡发展。2018年9月，时任教育部部长陈宝生来学校考察时给予了高度评价，并与农村边远学校孩子进行视频连线，鼓励他们加强美育学习，实现全面发展。

（四）在追求卓越中收获至善至美

学校注重学生全面发展，切实落实了文化课程与美育课程的同步开设，将德育和美育渗透文化教学中，加强了对学生思想品德、审美能力和文化素养的多元培养。近年来，学校艺术教育特色鲜明，办学成果突出，成为教育部首批全国民族民间音乐教育特色学校，2020年11月被评为第二届全国文明校园。2018年，袁贵仁、陈宝生两任前教育部部长先后来学校考察调研，并给予高度评价。学校艺术氛围浓厚，三年来，师生自主创作了《空中课堂多美好》《等你回来》《湘趣》和《亮光光》等8项艺术节目，在师生中广泛流传。

　　学校艺术项目全面开花，2018 年"麓之韵"民乐团原创曲目《湘趣》获湖南省艺术展演一等奖，号鼓队展演获长沙市特等奖。2020 年《楚风麓韵》获长沙市艺术展演一等奖第一名，声乐、朗诵、舞蹈和课本剧均获得长沙市艺术展演一等奖，获奖数位列全市之首。2015 年至 2020 年，学校连续六年获长沙市建制班班级合唱（合奏）比赛一等奖等奖项。近四年来，有 278 人次在市"三独"比赛等艺术赛事中获一、二等奖。学校多次在长沙音乐厅等进行民族音乐会和艺术展演，让麓小学子站在艺术舞台中央，展示自我、收获成长。

　　人文素养培育的一个关键内容是人的道德素养的提升，而建设社会主义精神文明，则一定要培育国民的人文素养，这是实践反复证明了的社会发展的规律。培养全面发展的合格接班人，是教育工作者的责任和担当，麓山国际实验小学在学校的德育课程实践中，将紧扣中国学生发展核心素养的培养要求，以"追求卓越、永不满足"的状态，坚守教育初心，在培育全面发展的人的道路上努力探索，继续前行。

第六章

核心素养召唤下的自主发展培养行动

中国学生发展核心素养以培养"全面发展的人"为核心，分为文化基础、自主发展和社会参与三个维度。其中的自主发展包括学会学习和健康生活这两大方面，重在强调学生能有效管理自己的学习和生活，认识和发现自我价值，发掘自身潜力，有效应对复杂多变的环境，成就出彩人生，发展成为有明确人生方向、有生活品质的人。[①]

麓山国际实验小学以接纳自己管理情绪、自主管理强化责任、自我完善适应环境为重点，开展了学生自主发展的培养行动，不断引导学生在健康的心理状态和健全的自我管理中提升自己、接纳自己，进而在学习与生活中成就自我，形成自主发展的核心素养。

---

① 林崇德：《中国学生发展核心素养研究报告》，2016 年 9 月 13 日。

学生的自主发展包括他们在认识自我、发展身心、规划人生等方面的综合表现，具体涵盖了珍爱生命、健全人格、自我管理等基本要点。麓山国际实验小学通过心理健康教育、校园生活民主化、毕业课程等德育教育活动的实施与开展，促进了麓小学子健康品质的形成和美好德行的培养。

第一节　常态心理教育培养健全人格

中小学德育总体目标中明确：要形成学生积极健康的人格和良好心理品质，促进学生核心素养提升和全面发展，为学生一生成长奠定坚实的思想基础。[①]长沙市委办公厅、长沙市人民政府办公厅也颁布了《关于进一步加强新时代学生心理健康教育的实施意见》，要求各级各类学校要开展认识自我、尊重生命、学会学习、人际交往、情绪调适、升学择业、人生规划以及适应社会生活等方面教育，引导学生增强调控心理、自主自助、应对挫折、适应环境的能力，培养学生健全的人格、积极的心态和良好的个性心理品质。

麓山国际实验小学根据学校教育的特点和学生心理发展的规律，发挥心理咨询室的优势，通过各种途径认真开展形式多样的心理健康教育活动和指导，帮助学生获取心理健康的初步知识，促进学生人格的健全发展。

一、全方位保障机制到位

1. 心理健康教育领导机制健全

学校领导高度重视学生心理健康教育，成立了以聂琴副校长为组长，以杨池珍主任、向春芳主任、王春光主任为副组长，由张妹虎、陈春苑以及其他青年教师具体负责的心理健康教育工作小组。

2. 心理健康教育各项制度完善

学校将心理健康教育贯穿于教育教学全过程，并制定了相应的章程制度。

3. 心理咨询室建设科学规范

学校成立了长沙市高水平的心理咨询中心，其中包括心理健康工作办公室、个体咨询室、沙盘游戏室、心理活动室四个功能室。心理健康工作办公室设有接待来访者的桌椅及心理方面的报刊书籍；个体咨询室配备了放松椅；沙盘游戏室有一套沙盘和各种不同类型的沙具；心理活动室配备了帮助来访者了解其

---

① 中华人民共和国教育部：《中小学德育工作指南（2017）》，2017 年 9 月 5 日。

个人心理状态的专业心理测量仪器。心理咨询中心由专人负责，按时值班，定期对学生开放，充分发挥其效能。

4. 心理健康教育教师着力跟进

（1）有从事心理健康教育工作的专业队伍

在校领导的支持下，学校形成了以 9 名兼职心理教师为核心，全校班主任为骨干，全体教师广泛参与的心理健康教育教师团队。

（2）心理健康教育在全体教师中普及

学校给全体教师普及心理健康教育知识，提高其师德修养，规范其教育教学行为，为学校心理健康教育的成功奠定了基础。麓山国际实验小学有针对性地进行了师德和教师行为规范培训，并通过教育心理学、儿童心理卫生、心理健康教育技能等培训，使全体教师掌握学校心理卫生基本理论和实践技能。

二、多形式拓展心理健康教育渠道

1. 集体教育和个别辅导相结合

学生心理健康教育应树立面向全体学生，以班级集体教育和个别辅导相结合，全体参与和个别对待相结合，使全体学生都能受到适当的教育，又使个别学生的各种特殊问题得到及时解决。班集体中又可以通过集体班会的形式，选定某个心理健康教育的主题来进行辅导。

❖ **案例 1：**

让每个孩子都快乐

——《拥有好情绪　放飞好心情》班会课的"言传"与"身教"

作为一名班主任老师，时时刻刻和孩子们在一起，感受着他们的喜怒哀乐。我们会发现现在的学生烦恼很多，且不会正确处理，容易出现"事与愿违"从而产生消极情绪，导致"孤僻"与"厌学"。

为了让所有的学生都能够积极地面对学习和生活，用积极的情绪来处理自己碰到的问题，我设计了一堂《拥有好情绪　放飞好心情》的班会课。目标定为三点：1.让学生认识情绪、了解情绪；2.了解影响我们情绪的不是事情本身，而是我们对事情的看法；3.使学生能利用有效方法来调节自己的情绪，拥有好心情。

为了让学生更形象地认识情绪，我事先组织学生排练了小品《情绪四兄弟》，由 4 个孩子分别饰演"喜、怒、哀、乐"，因为观点或行为的不同，造成四种不同的情绪，录制成 DV，在班会课上播放，然后通过观看、思考、讨论、

交流等方式，让学生加深体会，发现问题。

一切都水到渠成，主题班会上，他们写下了自己的感受——朱珉萱同学写道："事情已经发生，你不可能改变；自己的情绪，却把握在你的手中，让我们站在积极乐观的角度去看待人生！一起告别悲观！换一个想法，快乐自然来！"雷庭轩写道："我的想法不一样，真的就会有不一样的心情。当自己的想法变得积极起来，我的心情也是格外开朗、快乐！"徐存进写道："我们讨论出了这么多调节自己情绪的好方法，我再也没有理由让自己生气、烦恼了。我一定要学会调整好自己的情绪，让自己心里天天都洒满灿烂的阳光！"……班会课总结出，其实，影响我们情绪的不是事情本身，而是我们对事情的看法。对同一件事情，不同的人会有许多不同的想法。即使同一个人，对同一件事也有不同的想法。不同的想法则引起不同的情绪。如果把以上称之为"言传"，让学生拥有好心情，"言传"之外，当然还有"身教"，即教师必须拥有积极的情绪和心态，感染他们，影响他们，这种影响或形成一种气质伴随一生。

第一，要亲近学生的生活。要亲近学生，更要让学生感受到你的爱。亲其师，则信其道。教师只有真心爱学生，才能真正地亲近学生，关心学生，更好地激发学生对于真理的追求，点燃他们未来的希望。

第二，要宽容学生的错误。孩子毕竟只是孩子，犯了错误很正常。要允许学生犯错误，允许学生失败。他尝试的失败越多，他前进的步伐就越坚定。我常说：学生犯错、失败都很正常。"不完善"才是事物发展的真实过程。

第三，要肯定学生的优点。当学生在某个方面有了一点成绩，哪怕是微不足道的，我也会及时给予充分肯定。当班级有部分孩子做得不够好的时候，我总认为：与其批评部分做得不好的孩子，还不如鼓励大部分做得好的孩子，激发学生的上进心和潜能。

调节情绪，放飞好心情是一种能力，让自己和学生拥有积极情绪是一种智慧。这种智慧将不断开阔思维，扩展视野，当我们面临生活的困境时，这种智慧将会帮助我们走出逆境迈向成功。

（聂　琴）

除了集体教育，学校也有完善健全的个别心理辅导制度，这是学校心理健康教育的重要一环。它在解决部分学生心理问题，促进他们心理健康成长，营造全校健康心理氛围方面发挥着重要作用。我们从学生之间存在的差异

出发，建立心理咨询室，及时解决学生的心理问题，以弥补"集体辅导"的不足。

学校心理咨询室则本着为全体学生服务的理念，与全体学生沟通，开展每届新生心理普查工作，认真开展咨询服务，和每一个学生做真诚的知心朋友，发挥专职教师的作用，帮助少数有心理困扰或心理障碍的学生尽快摆脱障碍，调节自我的心理，提高心理健康水平，增强发展自我的能力。

❖ **案例 2：**

麓山国际实验小学新生心理普查方案

为了解学校一年级新生的心理健康状况，建立学生心理健康档案，尽早发现学生中存在的心理问题，以便有针对性地采取相应的干预措施，及时指导，开展相应的心理健康教育和心理咨询活动，特制订我校学生心理健康教育普查工作方案，具体安排如下：

1. 组织领导

为了加强对学生心理健康普查工作的组织与领导，保证各项工作的顺利进行，我校成立学生心理健康普查领导小组。

组　　长：龚拥军

副组长：沈毅、杨池珍

成　　员：刘良红、彭思思、谭丽萍、彭海英、一年级全体班主任

2. 工具选择

心理普查是针对某一群体实施的团体心理测量，是心理测量的一种。目前采用较多的心理普查工具是人格问卷、症状自评量表和绘画心理测验等。根据一年级学生的心理特点和认知水平，绘画心理测验具有以下优势：

（1）简易性、可操作性强。

（2）作为非语言性的投射，不受文化背景影响，适合低年级、不善于表达的学生。

（3）具有趣味性，测试目的较隐蔽，避免学生受语言暗示。

（4）具有治疗意义。

3. 工作安排

（1）普查对象：学校 2021 级新生。

（2）普查时间：2021 年 9 月 23 日 8:00—8:25。

（3）普查地点：一年级各班级教室。

（4）工作流程

工 作 任 务	负 责 人
1. 制订心理普查方案，交至学生处	彭思思、刘良红
2. 心理老师对施测人员（班主任）进行培训，讲明心理普查要求和注意事项	彭思思、刘良红
3. 班主任在各班教室进行施测	一年级各班班主任（学生处、心理咨询室督导）
4. 测试结束，两校区一年级团队长负责收齐本校区绘画纸，并上交至心理咨询室（敏学楼二楼，截止时间 9 月 23 日 17:00）	一年级各班班主任及团队长
5. 心理老师根据学生绘画，筛选出少部分学生进行及时关注和约谈，并反馈至班主任	彭思思、刘良红
6. 上交普查结果和分析报告，并建立学生心理健康档案	彭思思、刘良红

具体施测流程：

① 班主任发给每位学生绘画纸，铅笔自备，让其在绘画纸上填好班级、姓名、学号等。

② 班主任使用标准指导语：请将画纸横放，在纸上画房子、树和人，画面中要包含这三样人和物，其他东西可任意添加。注意人尽量画完整的人，请不要画火柴人。这不是考验大家的绘画能力，凭感觉随意画，想怎么画都可以，但要认真画。时间 20 分钟。

③ 时间到，班主任宣布绘画结束，并立即收回绘画纸。

4. 工作要求及注意事项

（1）提高认识。各负责人和班主任要提高认识、加强宣传、精心组织、周密安排、密切配合。测试前向学生说清楚指导语，以保证心理健康普查工作有序进行与圆满完成。

（2）加强指导。测试前，班主任认真学习指导语和注意事项，测试过程中，心理老师要到测试现场巡视与指导，班主任组织学生按指导语和要求进行绘画，否则将影响测试效果。

（3）做好保密工作。按照心理健康教育工作的特殊要求，各负责人在收集学生绘画、了解学生普查结果以及谈话与干预时务必要做好保密工作，切实保护学生合法权益不受侵害，特别是对筛查出的高危学生更要严格保密。

（4）对筛查出的少数学生进行约谈或心理干预要遵循心理健康教育的基本原则，科学使用心理咨询中的技巧与方法。

（5）充分发挥班干部的骨干作用，关注身边每一位同学的心理状况，并及

时与班主任或心理老师交流。

2. 心理健康教育与学校、家庭、社会教育相结合

心理健康教育不能仅限于学校这一领域，它应当以更积极、更主动的姿态拓展阵地。利用家长学校进行心理卫生知识教育，定期开展家庭心理教育会，如：一年级新生家长见面会、各年级好爸爸课堂、每学期家长学校主题活动等。

❖ **案例 3：**

家长学校主题活动：爸爸的力量

欢迎各位先生的到来。此时的会场，难得呀！本次活动是这个会场历史上阳刚之气最足的场面。欢迎为数不多的把孩子的教育权牢牢握在手上的美妈们。有底气！咱们今天有什么说什么吧。开个玩笑！其实今天也是个很慎重的场面。今天家长学校开设的是一个特别的课堂：只有爸爸来参加的好爸爸课堂。

为什么举行这样一个活动？有这样的几点原因：

1. 因为英国著名文学家哈伯特曾说过："一个好父亲赛过 100 个好校长。"从做父亲的那一天起，这就是一个毕生的职业，一个好爸爸，会学习怎样教育孩子，学习怎样爱孩子，用浓浓的父爱，为孩子撑起澄澈的蓝天。

新浪网曾做过一项调查显示，60.7% 的受访者认为"现在孩子缺失父教"。家庭教育中父亲起主导作用的不超过 15%。2016 年国家卫计委发布《中国家庭发展报告（2016 年）》中指出：父亲在教育儿童过程中有缺位。这些说明，一些父亲忙碌于工作和应酬，在亲子教育上花的时间和精力太少，在情感、陪伴、沟通、亲密、问题解决等方面都不能满足孩子的需求。由此引发了诸多问题：孩子不自信、男孩没有阳刚之气显女性化、女孩缺乏阴柔之美显男性化等。

作为学校，我们不想让爸爸的教育缺位。

2. 爸爸是男孩模仿的对象、爸爸是女儿依附的港湾。咱们常说："这孩子跟他爸爸几乎是一个模子里刻出来的。"爸爸往往是力气、威望、智慧的化身，爸爸的行动耳濡目染地影响着男孩，他能从爸爸的身上学到男性的一些行为特点。

爸爸是女儿依附的港湾。我们常说："女儿是爸爸的贴心小棉袄。"女孩子温柔、体贴、善解人意。爸爸的高大伟岸会给女儿带来安全感，是女儿的自豪。但如果爸爸总没时间陪女儿、和女儿交流少、没及时懂得女儿的内心，恐怕这小棉袄就没法贴心了。尤其是女儿到了青春期，有些一筹莫展的爸爸就从女儿的生活中撤了出来，把女儿完整交给妈妈，这对女儿的成长是极其不利的。

3. 在我们周围，有许多优秀的爸爸，在陪伴、引导孩子方面做得很到位。今天会有两位我们学校的爸爸家长，我们身边的典型，与大家一起分享做爸爸的快乐，感受爸爸的力量！

让我们共同期待！

成功的家庭基本都是相似的。爸爸应学会如何做家长，扮演好不同的角色和身份，做孩子的老师、朋友、心理医生、参谋长，还要做后勤部长，提供各方面保障和支持。无论以什么样的身份，都要培养孩子扬在脸上的自信、藏在胸里的情怀、长在骨子里的坚毅。

谢谢大家！

（龚拥军）

学校通过开展各种活动以家庭教育指导为连接，加强学校与家庭的联系，做好家校沟通，从而配合学校促进子女全面健康成长，成为学生心理健康教育中的一支重要力量，形成关心、支持、参与学校德育工作的良好环境，使学校的德育工作得到横向发展。

3. 心理健康教育与班级日常管理相结合

（1）心理健康主题班会

由班主任定期组织学生开展心理健康主题班会，希望通过有效的心理疏导与行为干预，让被心理问题困扰的学生感受到温暖、关怀、希望和动力；引导孩子们积极生活，明确生命的意义与自己该承担的责任。新冠肺炎疫情期间，学校更是开展了一系列心理特色活动。

① 一对一视频连线心理辅导

2020年初由于新冠肺炎疫情，学校延迟入学。为了解学生在家的近况，对他们进行及时的心理疏导，学校心理咨询中心于2月29号启动方案，号召老师一对一与学生视频连线聊天。对于抗疫一线医务工作者子女，学校组织麓小老师温暖守护着"逆行者"的家人，以不同的方式关爱医护人员子女，做好学习和生活辅导。

② 隔空不隔爱，相约"云班会"

各个年级组根据本年级情况召开主题云班会，在会前制作《疫情期间学生心理健康状况调查问卷》，进行数据分析，根据真实的调查数据制订"云班会"

的流程和内容，并分学段、分年级开展"接纳危机·感恩生活""学会感恩·珍爱生活""敬畏生命·热爱生活""珍惜当下·逆境成长""疫情中的中国力量"等主题活动。

❖ **案例4：**

师生隔空相约一场特别的"云班会"

春光相伴读书好，麓小线上学习进行时。特殊的假期，我们与你相约一场特别的云班会，静待春暖花开。3月14日下午，长沙麓山国际实验小学一年级组"共抗疫情，我爱我的祖国，我爱大自然"线上主题云班会如约上线。

在新冠肺炎疫情期间，我们的科学家、医务工作者、政府工作人员等直面战"疫"，无畏前行，正是因为有了他们的奉献和担当，我们国家的疫情才得以有效控制。为了培养学生的爱国情怀，让他们学会感恩；为了增强学生保护动物、爱护大自然、敬畏生命的意识，在"停课不停学"空中课堂期间，一年级组在陈辉组长的带领下组织开展了一场特别的云班会。

为了达到线上主题班会的育人效果，一年级组陈辉组长在班主任群里下发通知，随后精心组织老师们集体讨论，班主任们结合主题班会的活动特点，进行团队建设和分工，做好了大量的前期筹备策划工作。

活动过程——云班会，快看，班级"云班会"精彩纷呈

快看一年级的主播们，为同学们精心准备了别具一格的"云班会"。首先老师让孩子利用周末的时间观看了两节长沙市"停课不停学"网络直播《道德与法治》课，正巧也是我们一年级组两位大咖老师录制的，第一节是王建军老师的《家是最小国》，第二节是陈辉老师的《可爱的小动物》。

针对这两节课主播和孩子们利用"云"技术，实现了"云"沟通，孩子们在美丽又智慧的主播班主任的引导下，认真思考，积极参与讨论交流。

当"家是最小国，国是千万家""每个小家充满爱，中国大家满是爱""只有国家强大，才有千万家的幸福"这样暖人的句子从一年级的萌娃口中讲出时，主播们特别感动。家长们也很喜欢这样特别而有意义的云班会，因为在这个特殊时期里，这样特殊的云班会，让孩子们有了一份"家国情怀"，也更爱自己的家，懂得了关爱家人。同时，保护动物爱护大自然主题班会也让孩子们对动物多了一份关爱之情，对如何保护动物，爱护大自然，敬畏生命，敬畏规则，让孩子们都有了自己的思考。

此次云班会充分展示了班级各团队的精诚合作，各个班级各个团队组织策划都创意十足，微视频、PPT、配乐插图、海报让主播们也都大开眼界，惊喜连连，直呼这简直就是一场饕餮盛宴，老师和孩子们一起在云端共度了美好的班会生活。

活动总结——云班会，快看，主播班主任和优秀助教家长的感言

经过此次特别的云班会活动，孩子们在老师的引领下，在团队长的号召下，积极参与讨论交流，有小视频、语音视频、图片等，形式丰富多样，孩子们用各种形式表达了自己对家国的认识，对如何保护动物都有了自己的思考。家长们也纷纷给予了一致好评，班级的凝聚力得到了加强，家长们受到鼓舞，孩子们得到了锻炼！

麓小师生隔空更相爱，春暖花待开。待疫情过去，我们相约在繁花与共的麓小校园！

学校教师为了引导学生在疫情时期感受温暖、关怀、希望和动力，燃起他们内心的希望，鼓励他们通过笔和本子记录美好、开心、正能量的事情，欢迎家长参与录制亲子游戏或者热爱生活的短视频。学生通过"云分享"与老师连麦，或视频，或语音，或图片，或文字的形式分享自己的收获和心得……这些特殊的心理活动让同学们感受深刻，不少家长也表示此次活动主题鲜明，效果良好，他们纷纷表达了对孩子的殷切希望，对辅导员及学校的感谢，更有对生活、对未来的美好期待。

（2）生命健康节活动

为了关注学生心理健康，积极营造有利于孩子们身心健康和谐发展的校园氛围，学校每年4月都会开展全校性的生命健康节活动，活动形式丰富多样，各有特色。如：开展心理专家讲座，师生互动；开展多种有趣的心理游戏；进行专业心理量表测试；播放热爱生命的主题电影；举办心理故事会；举行心理健康征文比赛；等等。学校利用网络、黑板报、宣传窗、校园广播、班会、讲座等形式进行心理教育宣传，用启发式教学让学生敢于追求人生理想，帮助学生形成健康的人格，让心理健康知识深入人心。

2020年3月22日，学校以"积极乐观，在逆境中成长"为主题的第九届生命健康节在线上正式拉开帷幕。学校心理咨询中心统一部署，分学段、分年级开展主题活动，设计了丰富多彩的动手、动脑的实践活动。学生们制作手抄报、感恩卡，把自己在抗"疫"的六十多天里看到的、听到的、亲身感受到的许许多多感动的瞬间，记录并分享感人的抗"疫"故事。他们在这些主题活动中正视疾病与死亡，感受对自然、生命的敬畏，思考责任与担当，领悟到生命的价值与意义。

❖ **案例 5：**

第九届生命健康节活动方案

一、活动目的

通过主题活动，宣传心理健康教育知识，明确心理健康教育的意义与作用，培养学生的参与意识和乐观向上的心理品质，促进学生人格的健全发展，在学校掀起维护心理健康的热潮。

二、活动宗旨

1. 引导学生管理自己的情绪，使其拥有积极稳定的情绪，避免患各种情绪障碍。

2. 帮助学生学会正确认识自我和周围世界，从而使学生能与同学、老师、父母融洽相处。

3. 培养学生拥有健全的人格，摆脱不良心态，从而更好地投入学习和生活中去。

三、活动主题

放飞心灵，热爱生命

四、活动时间

2021 年 4 月 12 日至 5 月 25 日

五、活动内容

1. 生命健康节启动暨国旗下讲话（第七周）

（1）宣布生命健康节开始。

（2）宣读活动方案。

（3）以"放飞心灵，热爱生命"为主题进行国旗下讲话。

（4）分年级段进行主题活动。

（5）长沙市中小学校园心理剧比赛。

2. 主题活动

（1）团体心理拓展活动比赛（"齐心协力"）

活动对象：一、二年级学生。

活动目的：培养团体协作精神，合作心理。

活动规则：

① 每个班级选出 8 男 8 女参加比赛。

② 每班 16 名队员排成一列，后面的同学用双手抱住前面同学的腰，连成一条"大蜈蚣"。全体蹲下，齐步向前走，以最后一名同学到达终点为准，先

到终点者为优胜。

③中途如果队列断开，必须在原地连接好才能继续前进。

（2）亲子心理游戏——盲人之旅

活动对象：三、四年级学生及家长。

活动目的：通过"盲人"与"拐棍"角色的体验，理解自助与他助同等重要；让人感受了信任与被信任、爱与被爱的幸福与快乐。

活动道具：眼罩（每人一只），复杂的盲道设计。

活动程序：

①在背景音乐声中，家庭成员分别先在室内独自一人穿越障碍旅程，体验盲人的无助、艰辛，甚至恐惧。

②一人扮演盲人，其他扮演帮助盲人的"拐棍"，由"拐棍"帮助"盲人"完成室外有障碍的旅行。完成后交换角色重新体验。

③所有人交流：在不同情况下，不同角色的感受。注意，活动过程中，只允许通过语言指引，不能有身体接触。

（3）"我手画我心"心理漫画比赛

活动对象：五、六年级学生。

活动目的：通过漫画，展示青春，表达学生内心美好向上的追求。

活动规则：

①要求用漫画创作的形式艺术性表达现实生活，作品内容既真实客观，又温暖治愈，能反映人性的明亮，治愈心灵创伤，励志向上，朝向美好。

②参赛作品必须原创，如有抄袭将取消参赛资格。创作形式限四格漫画。黑白、彩色均可，不接受铅笔稿。作品限一人创作。

③本次活动的优秀作品，将选送市级心理漫画比赛。

（4）长沙市中小学校园心理剧比赛

活动对象：麓小话剧社团学生。

活动目的：积极探索学校心理健康教育的新途径，增强学校心理健康教育的实效性，进一步提升我校心理健康教育品质。

活动要求：

①内容：参赛剧本必须原创。主题、内容力求贴近中小学生的实际生活，真实再现他们在学习、生活中遇到的心理冲突、烦恼困惑等问题。要能有效运用心理辅导技术，体现校园心理剧的广泛性、趣味性、教育性和预防性功能。

② 形式：校园心理剧必须是在舞台上通过小品表演、情景对话、角色扮演等方式进行。微电影不能作为独立剧目参赛。参演者必须是 2021 年在校学生，不能有教师、家长参演。

③ 时间：小学不超过 12 分钟；中学不超过 15 分钟。

④ 初赛作品 5 月 8 日送市教研员评选。

六、评奖、颁奖

1. 请年级组组长在 5 月 24 日前，以年级为单位收集各班活动过程性资料，包括图片、视频、文字说明等；并评选出年级一、二、三等奖的班级。

2. 举行生命健康节闭幕式暨颁奖仪式。

七、具体安排

活动项目	时　　间	评奖规则	负责人	新　闻
生命健康节开幕式	2021.4.12	/	彭思思、张晋	
低年级（一、二年级）：团体心理拓展活动比赛	2021.4.7－2021.4.17	每个年级，按参赛情况评选团体一等奖10%，二等奖20%，三等奖若干。	年级组组长、班主任	
中年级（三、四年级）：亲子心理游戏	2021.4.7－2021.4.24	每个年级，按参赛情况评选团体一等奖10%，二等奖20%，三等奖若干。	年级组组长、班主任	彭思思、黄维
高年级（五、六年级）："我手画我心"心理漫画比赛	2021.4.7－2021.4.24	按参赛实际情况评选个人奖项：一等奖每班5%，二等奖每班15%，三等奖若干。	年级组组长、班主任	
长沙市中小学校园心理剧比赛	2021.4.1－2021.5.8	排练，拍摄，剪辑视频送市教育局参赛	彭思思、孙珊、熊晓颖、黄瑾君	
生命健康节闭幕式	2021.5 月下旬	/	彭思思、张晋	

心理健康教育就像一个避风的港湾、一条呵护心灵的消息、一段真情温馨的记忆。老师一个关切的眼神、一席天晴的话语，都能打开学生的心扉，让他们的心灵得到滋养和安慰。心理健康教育更多时候是一种隐形的教育，是潜移默化、润物无声的。麓山国际实验小学将坚守初心，秉持"路漫漫其修远兮，吾将上下而求索"的探索精神，在未来的学校心理健康教育之路上，不断探索实践，砥砺奋进前行。

第二节　校园自我管理促进自主发展

学校是以学生为中心，服务于学生发展的场所。学生不仅是学校管理的主体，更是学校的主人。学校校园管理的顶层设计和制度安排，都应该为促进学生的自主管理而考量，以学生参与校园自主管理的实践来引导学生参与自主性公民生活体验，提升其自主管理的能力，促进其自主发展。

一、参与校园管理，培养自主性公民意识与责任

为培养学生的自主管理能力，麓山国际实验小学在少先队代表大会、红领巾议事堂和学校公示制度三个方面，以开放尊重的心态让学生参与校园管理，让他们在校园生活中享有充分自主，培养他们自主性的公民意识、公民责任和公民能力。

（一）召开少先队代表大会，参与民主决策

少先队代表大会，简称少代会，是少先队大队或大队以上组织和机构召开、由队员代表为主体参加的会议，是同级队组织的最高权力机构，有全国少代会，省、直辖市或自治区少代会，区、县少代会，乡、街道少代会和学校大队少代会等。学校每年例行召开一次少代会，让学生参与民主决策。

1. 民主选举产生校少先队代表大会代表

召开少代会，首先要由广大少先队员民主选举出代表，要注意代表的广泛性，既要有队干部代表，又要有队员代表；既要有正式代表，又要有特邀代表、列席代表等。因此少代会代表不能局限于队干部或班级中的骨干，每个少先队员都有参加少代会的权列，这样才能广泛征求少先队员的意见或建议，使少代会的决议更加符合全体少先队员的意志。

❖ **案例 6：**

2018年第一次少先队员代表大会暨10·13建队日主题活动方案

一、活动目的

进一步贯彻落实《少先队改革方案》，以学校少先队课程体系为目标，增强少先队员的组织光荣感和归属感，努力营造学校少先队组织文化氛围，为少先队员们提供一个自主、快乐的成长环境。

二、活动名称

长沙麓山国际实验小学第一次少先队员代表大会

三、活动时间

2018 年 9 月 17 日至 10 月 8 日

四、代表组成

本次少代会共有代表 120 人，其中包括学校少工委成员、少先队员代表 100 人（二年级每班 1 人，三年级每班 2 人，四、五、六年级每班 4 人）、辅导员代表 10 人、特邀代表 1 人。

五、工作安排

（一）会前筹备工作（9 月 15 日—9 月 30 日）

1. 起草 2017—2018 年度少先队工作报告。

2. 推荐 2018—2019 学年度大队干部候选人。

3. 各中队民主选举麓山国际实验小学第一次少先队代表大会代表。

（1）学生代表人数

二年级每班 1 人，三年级每班 2 人，四、五、六年级每班 4 人。

（2）代表条件

① 少先队的积极分子，受到队员信任，具有代表性。各年级产生代表时，需注意男生和女生比例、队干部与队员的比例。

② 思想活跃，语言表达能力强，能为学校少先队工作及学校各项工作献计献策。

③ 一学年来，在少先队生活中有突出表现的，或取得明显进步、显著成绩的，或为少先队集体争取较大荣誉的队员，可作为代表。

（3）代表登记

被推荐的代表，请填写"麓山国际实验小学第一次少先队员代表大会代表登记表"，于 9 月 25 日前交大队部。

4. 征集少代会提案。

（1）提案产生

少代会的队员代表，在本中队征集队员对创建国际生态学校的建设，写成书面建议，提交本次少代会。

（2）提案内容

写明所要解决的问题，说明此问题的缘由，提出解决该问题的建议。注重提案的实际性与严肃性，不把关注的焦点集中在一些不切实际的幻想上。每一份正式提案须有三名以上少先队员联名附议。提案内容工整地书写在提案登记表上，字数 200—300 字。

（3）提案递交

每个中队提交提案汇总表，于9月25日前将"麓山国际实验小学第一次少先队员代表大会议案登记表汇总（中队）"交大队部。

（二）会议时间：10月8日下午2点20分

（三）会议内容

1. 出队旗。

2. 唱队歌。

3. 党总支书记致开幕词。

4. 少先队大队长做工作报告。

5. 大队干部现场竞选。

6. 校长及部门行政主管公开答复少代会提案。

7. 答复代表现场提问。

8. 公布优秀提案。

9. 呼号。

10. 退旗。

（四）会议准备及工作安排

准 备	责任人	完成时间
起草 2017—2018 年度少先队工作报告	大队干部	9 月 25 日前
推荐 2018—2019 学年度大队干部候选人	各中队辅导员	9 月 25 日前
各中队民主选举麓山国际实验小学第一次少先队代表大会代表	各中队辅导员	9 月 25 日前
大队干部候选人复赛	大队部	9 月 26 日前
征集少代会提案	大队部	9 月 26 日前
主持稿	黄瑾君	9 月 25 日前
摄影	蔡东阳	10 月 8 日
新闻	黄瑾君	10 月 8 日

（五）会后工作要点

（1）对当选的大队委员进行培训。

（2）继续完成提案答复工作。

（3）整理会议所有文字材料（电子版或书面版）、影像资料，收存归档。

麓山国际实验小学大队部

2018 年 9 月 17 日

2. 少代会提案让学生参与民主决策

少代会提案制度是会议代表履行好自己职责的好办法，由会议代表通过各种方式广泛征询、听取队员们的意见、要求和建议，经过整理归纳，用书面形式提交大会讨论的一种制度。少代会提案是少先队员代表充分反映队员的心声，代表队员的意愿，对大队部工作、学校管理等提出的意见或建议，不仅仅体现了学生行使民主决策的权利，还能让学生充分体会到自己是学校的小主人，要为学校的发展献计献策。

❖ **案例 7：**

长沙麓山国际实验小学第三次少代会

红领巾小提案

提案一

提案人	王语艺	年龄	10 岁
所在班级	1612 班	所在中队	远航中队
提案类别	④		
提案主题	建议在操场旁边安装直饮水		
提案内容	我们每次上完体育课后，都感觉口渴，需要喝水，每次携带水壶去田径场非常不方便，也容易丢失。学校是否可以在操场旁边安装直饮水，便于同学在体育课后饮用。		
有关建议	建议在学校操场旁边安装几个直饮水，便于同学在体育课后饮用。		
中队意见	提案合理，同意提交 班主任：路雯		

填表说明：

提案类别为：①学习，②安全，③娱乐（含网络使用），④权益保护，⑤心理健康，⑥少先队活动创新，⑦其他。

提案二

提案人	陈薇依	年龄	9 岁
所在班级	1814 班	所在中队	萌之翼中队
提案类别	⑦		
提案主题	设立"自由着装日"		
提案内容	我们现在每天着校服，大家服装统一，很好地体现了麓小学子积极向上的蓬勃精神，但青青校园似乎也因此缺少了一些儿童的个性色彩。		
有关建议	每月或每周设立固定一日为"自由着装日"。大家可以在这一天根据自己的喜好穿着自己的衣服，为校园添上一道靓丽的风景线。		
中队意见	提案合理，同意提交。 班主任：肖萌		

填表说明：

提案类别为：①学习，②安全，③娱乐（含网络使用），④权益保护，⑤心理健康，⑥少先队活动创新，⑦其他。

（二）红领巾议事堂实现学生民主决策权

对学校来说，一般决策权往往都在学校或教师手中，学生只是听从学校和教师的安排，但作为担当未来国家建设大任的小公民，学生同样享有民主决策的权利。作为少先队决策机构的少先队代表大会，每年只召开一次，因此麓山国际实验小学设立了红领巾议事堂，让学生通过参与制订少先队活动计划、参与学校课程的选择、参与学校的管理等，广泛征求学生的意见，实现学生的民主决策权，培养学生的公民意识。《麓山国际实验小学红领巾议事堂议事制度》如下：

少先队活动是以学生为主体，制订学校少先队活动计划，应征求广大少先队员的意见，使少先队活动真正成为少先队员喜爱并积极参与的活动。学校特制定《麓山国际实验小学红领巾议事堂议事制度》，确保少先队员参与制订少先队计划的权利。

（1）红领巾议事堂是由各中队的少先队员代表组成，参与少先队活动计划的制订、活动的组织和策划，并提供意见或建议。

（2）红领巾议事堂可以根据实际情况确定参与的人员以及召开的时间。

（3）对于突发事件可以召开临时少先队议事会。

（4）学期初大队部先根据上级部门有关文件精神初步制订学校少先队活动计划，然后提交红领巾议事堂讨论修订。

（5）学生组织大型活动，应提前拟好活动程序和计划，并提交少先队议事会讨论，征求广大队员的意见后，修订完成再按计划开展活动。

（6）对少先队工作中争议的事情，都可以提交红领巾议事堂审议再做决定。

（7）对队员的选举结果进行讨论并公示。

（8）对学校各项活动有意见或建议的队干部，可以通过大队委员会召开红领巾议事堂议事会向学校提出，并听取学校的答复。

少先队各项活动都是围绕学生开展的，通过召开红领巾议事堂议事会，让学生了解少先队的活动计划，了解学校教育教学活动的动向，并让学生参与制订活动计划，使各项活动的开展更贴近学生，也保障了学生参与民主决策的权利。

❖ **案例 8：**

红领巾议事堂建议表

建议一

姓　名	付梓溪	年　龄	8 岁
所在班级	1905 班	所在中队	小脚印中队
我的发现	我们现在每天穿校服，周末休息的时候，我们也会穿学校的校服。冬季，天黑得比较早，有时候放学的时候天已经黑了，所以我们在晚上过马路时，不是特别安全，可以在校服的某个地方增加反光条，这样可以保证学生在过马路时的安全。		
我的建议	建议给校服加反光条，这样我们在过马路时就很容易被司机发现，保证我们过马路时的安全。		

建议二

姓　名	马晨曦	年　龄	11 岁
所在班级	1612 班	所在中队	远航中队
我的发现	学校每周都会进行班级常规评比，会给表现好的班级颁发"流动红旗"，可是每个班级"流动红旗"悬挂的位置不统一。		
我的建议	建议在教室外设定悬挂"流动红旗"的位置，这样全校就统一了，比较规范。		

红领巾议事堂制度可以让学生对与自己切身利益相关的事情或学生的各种活动发表见解，做出提案，参与执行，得到了麓小学子的广泛认可，也可以让学生参与学校管理的有关决策，体现学生的主体地位，培养他们的主人翁意识。

二、公示制度，让决策更民主

对学校来说，一些与学生相关的活动，如少先队干部选举、三好学生评选等，都采用公示制度，让学生享有知情权。

通过公示，全体学生对选举结果进行监督，让学生享有知情权。除选举公示外，凡是和学生切身利益有关的重大事情都采用公示制度，如学生捐书、赠书活动结果，学校开展的重大活动等，都可以采用公示制度，让全体学生监督，使决策更加民主化。

❖ **案例 9：**

长沙麓山国际实验小学设立每周"无作业日"公告

为切实推动国家《关于进一步减轻义务教育阶段学生作业负担和校外培训负担的意见》政策措施落到实处，努力践行习近平总书记对少先队员提出的

"树立远大理想、培养优良品德、勤奋学习知识、锻炼强健体魄、培养劳动精神，努力成为德智体美劳全面发展的社会主义建设者和接班人"的要求。根据学校整体安排，参考学校第四次少代会少先队员代表提案建议，在原无作业日（5月31日、12月31日）的基础上，增设每星期四为"无作业日"，在"无作业日"当天，一至六年级所有学科不布置家庭作业。

无作业，有成长。无作业是为了让学生有更多自主时间做自己喜欢的事，做自己擅长的事，发展自己的兴趣爱好，提升自己的实践能力；有更多机会走出书房，走出家门，走进社区，走近伙伴，去感知生活的多彩和世界的多元。同学们可以在家长的同意或陪同下，利用每周"无作业日"这一天举办家庭活动，进行劳动实践，组织伙伴互动，参加社区服务、关注新闻时事等。希望同学们能在每周一天的留白时间里收获更多成长。

特此公告。

长沙麓山国际实验小学

2021年11月9日

校园管理民主决策的参与与实现虽然对于学生来说有一定的难度，但学校利用恰当的时机，创造得当的机会，开展相关的活动，在学生可以理解和参与的范围内尽量让他们参与，并将这些活动上升到让学生参与体验并实现民主决策的高度，从而提高学生参与民主决策的意识，培养他们适应未来参与民主生活能力。

第三节　毕业活动课程激发生命价值

麓山国际实验小学以"学会生存，学会关心"为育人目标，注重学生自主发展能力的培养，自主管理能力的提升和自主自立精神的塑造。学校为落实"一切活动皆课程"的理念，围绕育人目标，学校开设了六年级毕业活动课程。学校坚持课程思维，在呈现一个让学生难忘的毕业典礼的同时，践行活动实践型课程，围绕成长、回顾、感恩、展望等主题，构建活动课程系列，进行"小学生毕业综合课程"的探索与实践，真正体现了育人价值。

一、做好毕业综合课程方案规划

六年级学生面临人生第一次特殊的转折时期，即将迎来毕业升学的同时也逐渐步入青春期，自我独立意识日渐确立，智力、思维和心理都将迎来较大的

变化与发展。针对六年级毕业班学生的这些特点，麓山国际实验小学适时开设了"聚力麓小梦，扬帆启新航"毕业季课程，并在前期阶段做好该课程的方案规划，以确保课程开展的有效性。

❖ **案例 10：**

聚力麓小梦，扬帆启新航

——2019 年麓山国际实验小学谷丰路校区毕业季课程组织方案

第一部分　方案规划

一、活动时间

2019 年 4 月 16 日（星期二）—2019 年 6 月 22 日（星期六）

二、组织机构

1. 领导小组

　　组长：黄斌

　　组员：龚拥军　戴伍军　聂　琴

2. 工作小组

　　组长：沈　毅　向春芳

　　组员：瞿新国　邹玲静　叶　俊　江　宇　唐　娜

　　谷丰路校区：

　　彭海英　李小芳　江英姿　吴子良　李晓莺　廖慧芳　成　艳　李　琼

　　谢　军　米　健　余家兴　陈　辉　王春光　叶　俊　蔡东阳

3. 各项目负责人及成员

　　《麓山枫》毕业季专刊（2019 年 6 月 1 日前完成）：蔡东阳　班主任

　　班级电子纪念册（2019 年 6 月初旬定稿）：叶　俊　班主任

　　毕业典礼策划及组织

　　谷丰路校区：成　艳　李　琼　班主任

　　2019 献礼毕业季——学科特色活动

　　语文：彭海英　李小芳　江英姿　王春光

　　数学：李晓莺　吴子良

　　英语：廖慧芳　陈　辉

　　音乐：李　琼

　　体育：谢　军

　　美术：米　健

　　科学：余家兴

三、课程特色

"活动课程是从教育目标出发，以学生的兴趣和需要为主要依据，在教师的指导下，通过学生的自主活动，以获得直接经验和实践能力的课程。"根据六年级学生身心发展需要，打破学科或课堂界限，一切资源皆可用作学习的载体，用实践培养责任，注重体验，把教与学进行整合，把既有的资源与生成的资源进行连接，确定活动主题，构建活动课程系列。课程呈现形式多样化、系统化。鼓励学生参与，为学生成长增光添彩。

第二部分　活动安排

一、活动内容

1.《麓山枫》毕业季专刊（班主任、语文老师）

2. 传承中华文化，诵读经典诗文（班主任、语文老师）

3. 名著阅读，名著交流（班主任、语文老师）

4. "爱的语言需要学习"生命健康讲座（2018年11月23日已完成）

5. "爱上青春期"生理卫生讲座（年级组）

6. "千言万语致毕业"（《麓山枫》征文）（班主任、语文老师）

7. 创作毕业歌（班主任、音乐老师、学生）

8. 集体合影、麓园留影纪念（班主任）

9. 激情麓小，快乐竞技（体育老师）

10. "唱响毕业季，舞动麓小情"班级音乐会（音乐老师）

11. 感恩母校，书画麓园——书画作品展（美术老师）

12. 数学专题活动：我心中的数学家、数学手抄报（数学老师）

13. 英语专题活动（廖慧芳、陈辉）

14. 科学专题活动（余家兴、贺梓珩）

15. "聚力麓小梦，扬帆启新航"毕业典礼（班主任、成艳、李琼）

16. 最后一堂课（最后一次大课间、最后一天在校午餐午休、最后一次排路队、最后一次为母校服务……）（班主任）

17. 长沙市小学毕业质量监测

18. 颁发毕业证

谷丰路六年级组

2019年4月16日

二、时间安排

谷丰路校区 2019 届毕业季课程安排时间表

周次日期	课 程 项 目	时间安排	负 责 人	新闻撰写
4.16	"爱上青春期"生理卫生讲座	星期二	陈亮、王妙、班主任	彭海英、江英姿（校园新闻已发）
第9周（4.15—4.19）	"唱响毕业季，舞动麓小情"（各班毕业音乐会）宣传发动	星期三	班主任、李琼	
	"感恩母校，书画麓园"（毕业生书画展）宣传发动	星期三	班主任、米健	
	"千言万语致毕业"（《麓山枫》征文）宣传发动	星期三	班主任、语文老师	
	麓园毕业留影，地点统计	星期四	班主任	
	"传承中华文化，诵读经典诗文"《初中生必背古诗文132篇》挑战赛启动	星期四	语文老师	
	"激情麓小，快乐竞技"毕业季体育竞赛启动	星期四	班主任、体育老师	
	听蒋勋说《红楼梦》课程启动	星期四	语文老师	
第10周（4.22—4.26）	手拉手队前教育	星期一、星期五	大队辅导员、红领巾小老师（每班3名）	
	"站好最后一班岗，把最美留给麓小"（毕业值周）		1307班	
	"千言万语致毕业"（《麓山枫》征文）截稿、评选		班主任、语文老师	江英姿（公众号已发）
	"唱响毕业季，舞动麓小情"（各班毕业音乐会）筹备		音乐老师	
	"感恩母校，书画麓园"（毕业生书画创作）	美术课	米健	
	麓园毕业个人留影		班主任、摄影家长	
	听蒋勋说《红楼梦》	每天	语文老师	
	"我心中的数学家"演讲比赛	数学课	李晓莺、吴子良	
	"传承中华文化，诵读经典诗文"《初中生必背古诗文132篇》挑战赛	每天	语文老师	

（续表）

周次日期	课 程 项 目	时间安排	负 责 人	新闻撰写
第11、12周（4.28—5.10）	手拉手队前教育	星期一、星期五	唐娜、红领巾小老师（每班3名）	唐娜（校园新闻已发）
	"站好最后一班岗，把最美留给麓小"（毕业值周）		1308班、1309班、1310班	班主任、李小芳
	"唱响毕业季，舞动麓小情"（各班毕业音乐会）		李琼	班主任、李小芳（校园新闻已发）
	"激情麓小，快乐竞技"毕业季体育竞赛之"保卫国王"	星期五	班主任、谢军	
	"感恩母校，书画麓园"（毕业生书画创作）	美术课	米健	米健
	听蒋勋说《红楼梦》	每天	语文老师	
	读书交流会（各班自选名著）	语文课	语文老师	
	"传承中华文化，诵读经典诗文"《初中生必背古诗文132篇》挑战赛	每天	语文老师	
第13周（5.13—5.17）	"感恩母校，书画麓园"（毕业生书画创作）	美术课	米健	
	听蒋勋说《红楼梦》	每天	语文老师	
	"传承中华文化，诵读经典诗文"《初中生必背古诗文132篇》挑战赛	每天	语文老师	
	"激情麓小，快乐竞技"毕业季体育竞赛之"火箭弹投准"、30米迎面接力	体育课	班主任、谢军	学生
	毕业典礼节目排练		班主任	
第14周（5.20—5.24）	"感恩母校，书画麓园"毕业生书画展		班主任、米健	米健（校园新闻已发）
	听蒋勋说《红楼梦》	每天	语文老师	
	"传承中华文化，诵读经典诗文"《初中生必背古诗文132篇》挑战赛	每天	语文老师	
	"激情麓小，快乐竞技"毕业季体育竞赛之"虫虫特工队"、800米集体跑	体育课	班主任、谢军	学生
	天子湾研学（两日）		年级组	江英姿（校园新闻已发）
	毕业典礼节目排练		班主任	

（续表）

周次日期	课 程 项 目	时间安排	负 责 人	新闻撰写
第15、16周 （5.27—6.5）	"激情麓小，快乐竞技"毕业季体育竞赛之3分钟跳长绳、5分钟幸运抛接、篮球嘉年华	每天	体育老师	学生
	听蒋勋说《红楼梦》	每天	语文老师	
	"传承中华文化，诵读经典诗文"《初中生必背古诗文132篇》挑战赛	每天	语文老师	
	毕业节目检查		班主任、沈毅主任、成艳、欧阳瑶芳	
	毕业典礼彩排（6月5日上午）		全体六年级老师	
	毕业典礼（6月5日下午）		全体六年级老师	
	毕业纪念册、毕业微电影		各班家委会	
第17、18周 （6.10—6.21）	迎长沙市小学毕业质量监测，全面复习		语文老师、数学老师、英语老师	
	小学阶段最后一堂课（最后一次大课间、最后一回排路队、最后一次卫生值日……）纪念		全体六年级老师	
	让我们到过的每一个地方变得更美好——最后一次为母校、为班级服务		班主任	彭海英、学生（校园新闻已发）
6.22	长沙市小学毕业质量监测		全体六年级老师	
	颁发毕业证		班主任	

二、全方位、跨学科融合课程实施开展

六年级学生即将步入青春期，生理变化、抽象思维、逻辑思维都处于跨越式发展阶段，个性品质初步形成，兴趣爱好变得广泛稳定，自我意识、自我认知都有很大的增长，对个人和世界都萌发出具有主体意识的基本看法。但由于心智发展尚不健全，意志力不够坚强，情绪还不很稳定，容易出现叛逆、抵触和精力过剩等种种情况。基于此，麓山国际实验小学的毕业综合课程以"培养全面发展的人"为目标定位，设计了全方位、多领域的跨学科融合课程，以更好地满足毕业班学生的身心发展与成长的需要。

（一）生命与心理健康毕业课程守护心灵成长

因为有毕业升学的压力，六年级学生普遍会产生学习焦虑。为了帮助他们

顺利度过这一适应期，学校开设了生命与心理健康毕业课程，为他们的生命健康与心灵成长保驾护航。

❖ **案例 11：**

"爱上青春期"系列课程之一：五、六年级生理卫生专题讲座

一、课程方案

活动时间：4 月 16 日（星期二）

活动地点：文华报告厅（男生专场）、体育馆（女生专场）

参与年级：五、六年级

授课教师：陈亮（文华报告厅）、王妙（体育馆）

讲座主题：爱上青春期——生理卫生专题讲座

时间人员安排：

10:00—10:20 班主任到教室组织学生入场

10:20—10:30 正、副班主任，随堂老师组织学生就座并安静等待（因活动分男、女专场，各班提前做好分工，保证每班至少配一位负责老师）

10:30 讲座正式开始

前期准备：

联系主讲：杨池珍

电子屏幕、电脑、话筒：叶俊

现场录像：叶俊

学生准备：笔和笔记本

主持：女生专场彭海英　　男生专场高业波

摄影：女生专场谭婧婷　　男生专场余家兴

新闻撰写：江英姿　吴子良

会场（体育馆提前按要求摆好塑料凳子）：瞿新国　付南

座次安排、卫生保洁：彭海英、谭婧婷

二、课程实录

积雨小霁，麓园晚春。晴朗的天气，就像谷丰路六年级孩子们的美丽心情。带着对成长的期待和好奇。4 月 16 日上午，谷丰路五、六年级全体同学分男、女两个会场开展了生理卫生讲座。麓山国际实验学校初中部的陈亮和王妙两位老师作为主讲人，为开始步入青春期的孩子们答疑解惑，扫除青少年许多认识误区。

女生专场王妙老师利用多媒体从青春期生理特点及卫生健康保健、青春期心理特点、青春期心理调适等方面阐述了青春期的特征，阐述了青春期的生理

以及心理的变化，指导女生青春期应该怎样保持个人卫生、注重自我保健，引导她们学会如何保护自己，要自尊、自爱、自重，避免给自己造成不必要的伤害，保持生理和心理的双重健康。

男生专场陈亮老师先从男生青春期身体变化、心理特征以及青春期卫生健康的正确护理等方面进行细致讲解，引导学生要正确认识自己，不要害羞紧张，应该以积极健康的心态迎接青春期的到来。随后陈老师将话题引申到男女同学的交往问题上，深入浅出、结合鲜活的事例分析情况，并巧妙地告诉男孩子学会自我保护并学会尊重女生。

两位主讲老师语言生动亲切，列举的事例真实鲜活，整个讲座都在欢快中进行。学生听得很认真，并积极互动，说出他们真实的困惑和感受。此次讲座令孩子们受益匪浅，许多生理知识的盲点都被一一扫除，让即将迈进青春期大门的同学学会保护自己，更加了解自己，更加健康、阳光地成长！

"爱上青春期"系列课程之二：六年级毕业课程之生命健康讲座

一、课程方案

活动时间：2018 年 11 月 23 日（本周五）第三、四节课

活动地点：文华报告厅

参与年级：谷丰路校区六年级班主任、随堂上课教师

授课教师：中学专职心理老师向志圆老师

讲座主题："爱的语言需要学习"——学会正确的沟通方式

时间人员安排：

10:00—10:20 班主任到教室组织学生入场

10:20—10:30 班主任、随堂老师组织学生就座并安静等待

10:30 讲座正式开始

前期准备：

联系主讲：武文碧　　杨池珍

电子屏幕：叶俊（爱的语言需要学习——六年级毕业课程之生命健康讲座）

现场录像：叶俊

学生准备：笔和笔记本

主持：彭海英

摄影：李小芳

新闻撰写：吴子良

会场：瞿新国

座次安排、卫生保洁：彭海英

二、课程实录

11月23日上午10:30，由麓山国际实验小学承办的六年级毕业课程之"爱的语言需要学习"专题生命健康讲座在文华报告厅举行。此次讲座由向志圆老师主讲，彭海英老师主持。谷丰路校区六年级学生共200余人参加了此次活动。

作为一名资深心理咨询师的向志圆老师，拥有丰富的一线教学经验，擅长将心理学及心理咨询技术融入课堂，强调行为价值导向，深入浅出、简洁明了、节奏感强。瞧！活动一开始，就开展了学生最喜欢的折纸游戏环节、拉近了学生与老师之间的距离，学生在轻松快乐的氛围中情绪也在不知不觉得到释放。

讲座上，向老师主要从人性的角度为学生讲解了生活中经常面临的人际问题产生的原因和一些合理的解决办法。向老师从"倾听孩子们的心声"出发，当场调研了学生心中最不喜欢听到的话语，帮助学生了解人际沟通的意义，进而清晰地解析人性的力量，让学生掌握正确的表达方式，成为快乐交往的行家，帮助学生成为看懂想通能说会做的人。

讲座现场，学生积极与向老师进行互动交流，围绕与不同性格同学的人际交往畅所欲言。向老师为学生分析，理解他人性格以及行事风格，可以消除人际交往中产生的隔阂和误解。爱的语言需要学习，向老师们展示了语言的魔力，向学生传递了沟通表达四步骤：

"我看到（听到）……"

"我感到（情绪词语）……"

"我需要（自己的需求）……"

"我想请你（表达请求）……"

不只是同学们，老师们也纷纷表示，受益匪浅。

此次讲座为我们打开了一个全新的视角，让学生在今后的学习、生活中学会正确地表达自己的需求，学会爱的语言，营造良好的人际交流氛围，创建和谐的人际关系。

（二）美育系列毕业课程陶冶美好情操

美育是审美教育、情操教育、心灵教育，也是丰富想象力和培养创新意识的教育，能提升审美素养，陶冶情操，温润心灵，激发创新创造活力。毕业班的学生自主意识逐渐增强，精神追求也逐渐萌发，学校在毕业课程的设计中高度重视美育的内容，融合了具有麓山特色的艺体书画等课程，来提升毕业学生的审美素养，陶冶他们的美好品格，真正实现"五育并举，全员育人"的学校教育新格局。

❖ **案例 12：**

美育系列毕业课程之一：唱响毕业季，舞动麓小情

一、活动方案

活动通知：

唱响毕业季，舞动麓小情

——关于举办2019届毕业生才艺大比拼的通知

各位六年级的同学：

感恩母校，珍惜师生情谊；向往青春，大胆绽放自我。飞扬的歌声，曼妙的舞姿，是对青春的赞歌和献礼！值此毕业季，让我们的才艺尽情展现。说、学、逗、唱，麓小学子样样精通。来吧来吧！毕业季才艺大比拼的战火等你们点燃！

活动主题：唱响毕业季，舞动麓小情

活动对象：六年级艺术爱好者

活动时间：5月上旬

节目形式：

1. 麓小好声音

喜爱声乐，有歌唱兴趣、特长的同学积极报名参加。

2. 身临其境

喜爱模仿和配音的同学积极报名参加。

3. 脱口秀

喜爱相声、双簧等艺术的同学积极报名参加。

4. 器乐演奏

喜爱器乐，有器乐兴趣、特长的同学积极报名参加。

节目要求：

所有报名参加"才艺大比拼"的同学自主选择表演形式，个人或小组均可，内容要求健康向上。班级进行初选后每班选送4—5个节目参加年级"才艺大比拼"。所有参赛同学自备伴奏、服装、道具、化妆。也可以自己制作背景PPT、视频。

奖项设置：

由教师评委和学生大众评委组成评委团对本次活动进行评奖，比拼设"最佳才艺奖""最佳潜质奖""最佳表达奖""最佳活力奖""最佳人气奖"若干，向获奖者颁发荣誉证书，优秀节目将选送毕业典礼进行展示。

长沙麓山国际实验小学谷丰路校区六年级组

2019 年 4 月 18 日

二、活动回顾

唱响毕业季，舞动麓小情

"请把我的歌，带回你的家，请把你的微笑留下……"

本周谷丰路六年级的孩子们在音乐老师以及班主任的组织下，开展了2019届毕业生才艺大比拼活动。

感恩母校，珍惜师生情谊；向往青春，大胆绽放自我。飞扬的歌声，曼妙的舞姿，是对青春的赞歌和献礼！值此毕业季，孩子们的才艺尽情展现。

说、学、逗、唱，麓小学子样样精通。

这次毕业季才艺大比拼的活动，给同学们提供了一个展示自己的舞台。同学们积极踊跃地参与活动，不仅大大提高了他们的表演能力、组织能力、合作能力，也给他们留下了一份珍贵的回忆。

美育系列毕业课程之二：感恩母校，书画麓园

一、活动方案

活动通知：

感恩母校，书画麓园
——关于举办2019届毕业生书画展的通知

各位六年级的同学：

美好的小学生活即将结束，崭新的中学时代就要来临。回忆小学生活，总是充满着无限感慨，六年的小学生活丰富多彩，有欢乐，有感动，也有忧伤……为表达毕业生对母校的深厚感情，体现我校毕业生的文化艺术修养，同时庆祝六一国际儿童节，经学校研究，决定于五月中旬举办麓山国际实验小学2019届毕业生书画展，具体要求如下：

活动主题： 感恩母校，书画麓园

活动对象： 凡我校本届毕业生书画爱好者均可报送作品参展，择优展览。

作品要求：

1. 内容健康积极向上，反映校园文化生活，绘麓小，赞麓小。

2. 展览形式：联展，学生每人选送1—2件作品。

3. 作品类型：分为书法（毛笔、硬笔）、绘画（国画、儿童画、漫画、版画、素描等）两大类。

4. 作品尺寸：国画、毛笔书法尺幅不大于四尺对开，不展横幅（宽度限制在50厘米之内）；硬笔书法、其他绘画作品不大于四开纸大小，不小于八开纸

大小（衬底加边框后的大小）。

5. 送展作品无需装裱，但国画和书法作品拓一下更佳。

6. 在作品右下角注明班级、学号、姓名。

作品截止时间： 送展作品务必于 5 月 10 日前上交米健老师。

奖项设置： 作品上交后，美术老师统一组织进行评选，向获奖者颁发荣誉证书，并将优秀作品在学校一楼文化大厅进行展览。个别优秀作品将由学校校史馆收藏。

长沙麓山国际实验小学谷丰路校区六年级组
2019 年 4 月 18 日

二、活动回顾

感恩母校，书画麓园

"首夏犹清和，芳草亦未歇。"伴随着油墨书香，我们的毕业书画作品展如约而至。

本次展览汇集了一百多位麓小毕业学子的书画作品，包括传统纹样创新设计、写意国画、竹制手工彩绘、文化衫系列设计、校园风景画、软笔书法等。作品题材多样、内容丰富、主题鲜明、富有童趣，虽部分作品略显稚嫩，却饱含了孩子们蓬勃的艺术激情、旺盛的艺术创造力和丰富的艺术想象力。精彩纷呈的作品里有着对艺术新形式的尝试，有着对传统图样理念的个人理解，有着对学校的依恋与不舍。莘莘学子用纯真与灵动挥洒于一幅幅作品中，让我们看到这一丝丝灵动的奇思妙想散发出了无穷的力量……

"春发其华，秋收其实。"2019 届毕业生书画展画下了圆满的句号，这是对麓小办学宗旨的回应，也是对老师教育的感恩。它既是学子小学阶段学习的终点，也是其步入人生下一个阶段的起点。我们相信：本次的展览预示着我们对艺术、对人生的新的开端，而并非一个结束。梦，又继续飞翔……

美育系列毕业课程之三：激情麓小，快乐竞技

激情麓小，快乐竞技
——长沙麓山国际实验小学毕业季体育竞赛规程

一、活动目标

为给小学六年校园生活画下完美的句号，增强学生体质，促进学生之间的友谊，树立乐观、开朗、自信、阳光的心态，营造健康、快乐的体育氛围，树立健康第一的终身体育意识，特组织本次六年级体育竞赛活动。

二、活动时间

2019 年 4 月 18 日（星期四）—2019 年 6 月 21 日（星期五）

三、活动地点

学校操场

四、参加人员

六年级学生、班主任、六年级任课老师

五、比赛项目及参赛人数要求（见下表）

序号	比赛项目	参赛人数
1	保卫国王	两支队伍：班主任＋5 男 5 女；特邀任课老师＋5 男 5 女
2	3 分钟跳长绳	跳绳队员：10 男 10 女 摇绳队员：班主任＋任意一名学生
3	5 分钟幸运抛接	班主任＋特邀任课教师 1 名＋5 男 5 女
4	火箭弹投准	班主任＋特邀任课教师 1 名＋5 男 5 女
5	30 米迎面接力	班主任＋特邀任课教师 1 名＋14 男 14 女
6	虫虫特攻队	班主任＋特邀任课教师 1 名＋28 男 28 女
7	800 米集体跑	5 男 5 女
8	篮球嘉年华	A. 上场队员 5 名（男女不限），上下半场各 12 分钟，中场 5 名女生距球线前 1 米定点投篮，每投中 1 次计 1 分 B. 非篮球比赛队员，3 分钟半场运球送水接力赛，根据名次附加分：8、6、5、4 分计入篮球比赛得分

六、报名办法

1. 所有队员不得报名超过 3 项。

2. 篮球嘉年华比赛、罚球、接力赛参赛队员不得重复。

七、竞赛安排

进 度 表	比赛项目	比赛形式
第一个比赛日	保卫国王	两个场地，同时进行，淘汰制
第二个比赛日	火箭弹投准	2 组，2 个班同时比赛
	30 米迎面接力	1 组，4 个班同时比赛
第三个比赛日	虫虫特攻队	1 组，4 个班同时比赛
	800 米集体跑	2 组，2 个班同时比赛
第四个比赛日	3 分钟跳长绳	1 组，4 个班同时比赛
	5 分钟幸运抛接	2 组，2 个班同时比赛
第五个比赛日	篮球嘉年华	两个场地，同时进行，淘汰制

八、比赛办法

（一）3分钟跳长绳

1. 参赛人数

跳绳队员：10男10女；摇绳队员：班主任＋任意一名学生。

2. 比赛方法

（1）8字、圆形跳法不限。

（2）死绳同学必须回到起点，重新跳绳，如未回到起点重新跳，则总成绩减少10次。

（3）3分钟计跳短绳的次数。

（二）5分钟幸运抛接

1. 参赛人数

（1）抛投者：班主任＋特邀任课教师1名＋5男5女。

（2）接投员：学生1名，男女不限。

（3）破坏者：非比赛班级学生一名。

2. 比赛方法

（1）10米赛道，终点处设抛投区，抛投区外沿3米设接投点。

××××××　　｜　　　10米　｜　A　3米　B◎

⊠

（2）从起点跑至终点A处，与破坏者⊠石头剪刀布，赢了则抛出手中的塑料圈，如果输了，则不能抛出手中的塑料圈直接返回起点，交给下一名队友。

（3）接投员接圈计分办法：头接圈+2分，脚接圈+1分，手接圈−1分，背后抬脚接圈（神龙摆尾）+3分。

（三）火箭弹投准（鲨鱼球）

1. 参赛人数

班主任＋特邀任课教师1名＋5男5女。

2. 比赛方法

（1）分别设置5、6、7、8、9、10、11、12米的投掷线，分别得分为2、3、4、5、6、7、8、9分。

（2）需要将鲨鱼球从障碍上方投入指定圆圈，则得分。

（3）如果从障碍上方飞过，没有投入指定圆圈，则得1分。

（4）从障碍下方穿过不得分。

（5）每人有2次机会，取最高分。

（四）30 米迎面接力

1. 参赛人数

班主任＋特邀任课教师 1 名＋14 男 14 女

2. 比赛方法

（1）30 米赛道，圆形接力圈，坐姿迎面接力（屁股必须挨在地上，否则总成绩 +3 秒 / 次）。

（2）两支队伍：班主任 +14 男、特邀任课教师 +14 女。

（3）依次交接棒比赛，若掉棒请立即原地捡起，继续比赛。

（4）最后一名队员抵达终点线将接力圈放入标志杆落地，停止计时。

3. 比赛规则

面对面交接棒，不得抛、地滚等方式交接棒，否则视情况加时 3—10 秒计入总成绩。

（五）虫虫特攻队

1. 参赛人数

班主任＋特邀任课教师 1 名 +28 男 28 女。

2. 比赛方法

（1）20 米赛道，往返接力。

（2）每轮上 10 人，依次坐在"毛毛虫"背上，双手抓住吊环，骑行前进。

（3）跑至终点后，所有队员从背上下来，左右依次手提吊环，沿原路跑回至起点，交给下一组队员。

（4）最后一组抵达终点线即停止计时。

3. 比赛规则

（1）"毛毛虫"跑至终点标志处方可返回，若没有按要求返回则视情况加时 3—5 秒计入总成绩。

（2）返回后必须在起跑线后交接给下一组队员，否则视情况加时 3—5 秒计入总成绩。

（3）比赛途中，队员不得掉落、不得松手，否则视为犯规加时 3 秒每次计入总成绩。

（六）保卫国王

1. 参赛人数

分 A/B 两组，各班可以出两支队伍：班主任 +5 男 5 女；特邀任课老师 +5 男 5 女（比赛前抽签决定对手）。

2. 比赛方法

（1）比赛组成

比赛由 A、B 两队组成，分别有以下角色：国王、超人、平民、复仇者。

后场	前场	前场	后场
B 队	A 队	B 队	A 队

（2）角色介绍

① 国王，队伍的领袖，决定胜负的关键，在比赛过程中，国王不能被沙包击中，国王一旦被击中，则判该队输。位置（前场）。

② 超人，具备超强的能力，可以无视沙包的攻击，首要职责是保护国王。位置（前场）。

③ 平民，身份普通，可以用自己的身体为国王挡沙包，一旦击中则变身为"复仇者"到达对方后场进攻。位置（前场）。

④ 复仇者，由平民被沙包击中转变而来，在对方的后场组织进攻。位置（后场）。

（3）比赛方法

比赛前各队围成圈通过手势将国王的身份告诉裁判，超人则身穿小背心。两队超人石头剪刀布或者抛硬币决定掷沙包的权利。

比赛开始，各队要通过进攻判断对方阵营里真正的国王，并击中国王。一旦击中，则比赛结束，被击中一方判输。

（七）800 米集体跑

1. 参赛人数

5 男 5 女。

2. 比赛方法

（1）10 人，其中 6 人单独完成 800 米跑，有两组由 2 人合作完成 800 米。

（2）成绩录取：第一名、第二名、第三名、倒数第二名、最后一名，五个名次所用时间的总和。

（八）篮球嘉年华

比赛方法

（1）班级篮球对抗赛：上场队员 5 名（男女不限），上下半场各 12 分钟，中场 5 名女生罚球线前 1 米定点投篮，每投中 1 次计 1 分。

（2）附加分：非篮球比赛队员，3 分钟半场运球送水接力赛（单手运球＋纸杯送水），根据最终班级成功运水的量决定名次，依次附加得分：8、6、5、4

分计入篮球比赛得分。

（3）最终得分为：对抗赛得分＋女生罚篮得分＋运球接力赛得分＝总得分。

（4）班级总得分多少决定最终在该项比赛中的名次。

九、竞赛工作组

1. 为保障比赛正常有序进行，需要六年级各班推荐比赛组织、裁判工作人选。

项目及人数要求如下表：

项　目	场地组	裁判组	医疗组	奖状书写
人数要求	1人/班	3人/班	1人/班	1人/班

裁判组工作人员如果有比赛任务，则可以自行调换本班其他同学担任裁判工作，但必须对接好裁判工作。

场地组、医疗组、奖状书写工作组与竞赛不冲突。

2. 各班成立新闻宣传组，对各比赛日比赛情况撰写新闻报道。

十、录取名次与奖励办法

1. 项目根据比赛排名，分别积分5、3、2、1计入团体总分。

2. 各班各项目积分总和为班级最终成绩，团体总分颁发奖状。

3. 本次运动会各班评选优秀运动员、优秀组织奖若干。

十一、注意事项

1. 遵守竞赛纪律，做文明的参赛者和观众。注意安全，非运动员不得进入比赛区域，不在观看区随意走动、奔跑。

2. 如有身体原因不适宜进行体育运动的，不建议参赛。

3. 所有参赛队员（孩子及教师），需着运动服装，否则不得参加比赛。

4. 注意安全，运动员参赛时，不要携带钥匙、笔等尖锐物品，避免在比赛中意外受伤。

5. 未尽事宜最终解释权归体育组。

麓山国际实验小学体育组

2019 年 4 月 17 日

（三）感恩毕业课程促进学校感恩文化的形成

感恩教育的目的是使学生把"感恩"内化为一种内在的感恩品质。麓山国际实验小学通过对感恩毕业课程活动的开展，丰富和升华了学生对母校、对教

师、对家长的感恩情感体验。通过感恩教育，对学生进行了感恩价值观的引导，培养了他们正确地对待世界、人生和自身价值的观念和态度，也让学校的感恩教育成为一种可持续的、自觉的教育活动，更促进了学校感恩文化的形成和发展。

❖ **案例 13：**

感恩毕业课程之一：千言万语致毕业

一、课程方案

课程通知：

千言万语致毕业

——2019届毕业季专刊征稿通知

千言万语致毕业，为展现麓小毕业学子风采，拾取温馨回忆，镌刻母校情结，现面向六年级全体学生和家长发出征稿通知：

主题一：感恩母校篇

再过不久就要离开校园，面对即将分别的校园、老师、同学，你有什么话要对他们说？以感怀毕业为主题，记叙在麓小发生的故事，抒发校园生活的感悟，铭记小学美好的时光。题目自拟，不少于 500 字。

主题二：毕业感言篇

关于毕业，关于离别，关于更高的理想与追求，你有什么话要说？一首小诗，几句祝福，一段毕业感言……自主创作，100 字左右。

主题三：家长寄语篇

谆谆嘱咐语，悠悠父母心。孩子的成长过程离不开父母的相伴、老师的教诲，麓小三年，朝华之草已初具松柏之姿，用心陪伴孩子成长的家长朋友，是否与学校和老师心有共鸣，请写下您心中的感受，再送上对孩子最衷心的祝愿吧！一首小诗，几句祝福，一段寄语……字数不限。

以上三个主题相关创作请于"五一"之前完成，"主题一"使用专用信纸誊写（周五统一发放），"主题二""主题三"建议自制书签手写。本次征稿优秀作品将选登在学校"《麓山枫》——2019 届毕业季专刊"上，同时作为学生的毕业礼物于毕业典礼前后赠送给全体六年级毕业生。

长沙麓山国际实验小学谷丰路校区六年级组

2019 年 4 月 17 日

二、课程反馈

蛰伏、厚积、初发、破土！正展锋芒的我却离不开您！

千言万语致毕业，温情脉脉话别离。

是谁，用恋恋不舍的目光，一遍遍描摹着麓小校园的美景？

是谁，用潸然稚嫩的嗓音，一声声诉说着即将毕业的悲伤？

是谁，欲展翅高飞又难舍别离？

是谁，仍朝督暮责又殷殷期盼？

……

谷丰路六年级，有一个温暖的大家庭，孩子，老师，家长，紧紧相连……所有的说不完、道不尽的情意，都化作最美的文字，镌刻在毕业季每个孩子的心中。

毕业征文感恩母校

童心最真，童言最美，拾取温馨回忆，镌刻母校情结。回忆、期盼、欣赏、不舍……从孩子笔尖倾泻。老师将扣人心弦的文字，留在了光荣榜！

一等奖

1307 班　彭卓尔《惜别麓小》

1307 班　张以恒《我永远忘不了那双手》

1310 班　封卿洋《感恩，一"麓"有你》

……

毕业感言纸短情长

一首小诗，几句祝福，关于同学，关于老师，关于更高的理想和追求，我们总有话要说……

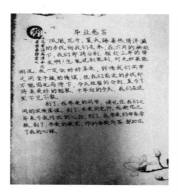

图7-1　学生毕业感言

家长寄语谆谆嘱咐

孩子的成长过程离不开父母的相伴、老师的教诲，麓小三年，朝华之草已初具松柏之姿，用心陪伴孩子成长的家长朋友，与学校和老师心有共鸣，写下了最衷心的感谢和祝福！

图7-2　家长寄语

毕业季，有泪水有欢笑，有悲伤有祝福，最美——毕业季！

面对着岁月摆下的筵席，我们相互微笑着鼓励和拥抱，所有没说的关爱与不舍，都收藏在语句的背后。

明晨行别，除了不舍的呢喃，更愿云彩艳阳一直陪伴我们走到海角天涯！

······

感恩毕业课程之二：站好最后一班岗，把最美留给麓小

临近毕业，谷丰路六年级的同学最后一次参与学校值周。与每一次的值周一样，学生兢兢业业，但是这一次学生的感受却与以往不一样······

值周小故事、值周心得分享

我们班的每一位同学都热爱值周，乐于奉献。还没开始值周，各团队就争先恐后地申报岗位，大家都想把最美的一面留给麓小。我负责检查眼保健操和大课间做操纪律，同时还兼任眼保健操组组长。许多同学都和我一样有多个岗位。

我们的勤劳是最美的。每当第三节、第五节课快下课时，我们这些检查眼保健操的同学下意识地检查自己的校服、红领巾、袖章等，偷偷拿出值周时使用的记录本和笔，悄悄把双腿从课桌底下抽出来，随时准备起跑。不等铃声结束，一个个早已飞奔出教室，到达值周岗位。轻轻敲开待检教室的门，气喘吁吁地敬了个队礼，即开始认真检查。把最美的一面留给麓小，再辛苦也高兴。

我们的仔细是最美的。大课间音乐一响，我们一个个冲向操场，笔直地站在自己的岗位上，耐心地等待一个个班级到来。时间紧迫，可我们还是仔细检查每一个班级的校服穿着、红领巾佩戴情况。把最美的一面留给麓小，再紧张也乐意。

我们的负责是最美的。这次值周我们班路队组、升旗仪式、大课间检查组、卫生检查组、垃圾分类检查组、眼保健操组、统计公布组，每个小组长都牺牲了

自己的休息时间来统计总表，按时上交。把最美的一面留给麓小，再累也值得。

因为热爱麓小这片土地，所以我们要把最后一班岗站好，我们要把接力棒稳稳地交到弟弟妹妹手上，我们要把最美的一面留给麓小。

——1307 班　刘婕伊韵

周一早上，我们从彭老师手里领到了代表各自学号的值周袖章，当我双手接过这鲜红的袖章，心中顿时涌起一股莫名的神圣感，抑制不住的喜悦洋溢在我的脸上。

"把最美留给麓小。"响亮的声音回响在 1307 班教室，带上这神圣的使命，我信心十足地开始了我小学阶段的最后一次值周。眼保健操音乐响起，我立刻放下未完成的习题，三步并作两步奔向善学楼一、二层，那里是我的第一个岗位。走进 1701 班，一双双明亮的眼睛齐刷刷望向门口的我。我用手捂住眼睛，提醒他们把眼睛闭上好好保护心灵的窗户。一些小朋友看到我手臂上的袖章连忙闭上了眼睛，那可爱的动作令我忍不住心里给他们点起了赞。走过一间间教室，望着那一双双炯炯有神的眼睛，那一个个稚气可爱的动作，我的心无限欢喜。

时间过得飞快，一周的值周悄悄进入了尾声，缓缓褪下的袖章证明我曾经为麓小认真地服务过。

——1307 班　张以恒

走进第一个班级，敲了敲门，敬了个队礼，目光扫过全班，只有几位同学没有戴红领巾。今天原定春游，因为天下雨而延期，所以没戴红领巾可以原谅。刚走出教室，听到国歌声响起，我马上记起彭老师的提醒："不论你在哪里，不论你正做着什么事，当国歌响起，一定要肃立，少先队员敬队礼。"我赶紧停下脚步，整理好红领巾，面对着教室内墙上的五星红旗敬着队礼。等到升完国旗和校旗，我又走进了下一个待检查的班级。

——1307 班　肖贤思齐

无论阴雨绵绵，还是骄阳似火，我们都坚守在自己的岗位上。我和张弘祎是负责检查勤学楼的垃圾分类情况的。一开始，我对这位有点贪玩的伙伴很不放心，可后来看到他坚定的眼神，认真地工作，我在心里给他竖起了大拇指。

想到栀子花开的六月，我们就要分别。我便格外珍惜这次值周，我要把最美的一面留给麓小。

——1307 班　郑壹中

对面的教学楼有我们曾经学习过的教室。长长的连廊里似乎还回荡着丝丝童年的气息：幼稚的手抄报，墙边淘气的黑脚印，打扫得一尘不染的书柜……

一路上遇见很多天真活泼的低年级的孩子，他们见到我立刻精神起来，敬一个不太标准的队礼，道一声"姐姐好"，这不就是曾经的我们吗？我微笑着回应，望着这萦绕着熟悉气息的地方，我感到有些不舍。

——1308班　欧阳哲雅

接过袖章，我的内心触动了，似乎有一种无形的力量压在了我的肩上，我下定决心："一定要站好这最后一班岗。"

——1308班　雷玺

时间到了，正好是12:15，我的值周结束了，可是我的脚怎么也迈不开一步。在小伙伴的催促下，我还是默默往教室走去。教学楼栋之间，一丛丛花，一棵棵树，春风一拂，花枝轻颤，绿叶轻扬，像是在与我告别。

——1308班　郑博予

这天气翻脸可真比翻书还快啊！一会儿便从牛毛细雨变成倾盆大雨，我担心地望着倾泻的大雨，如一排帘子，我打了个寒颤，往后退了退，缩了缩脖子。这雨这么大，还能按时到岗吗？我不禁蹲坐在地上，把头埋进温暖的双腿间。不行啊！加油！我得按时到岗！我猛地一站，用手捂住头，闭上眼睛，像一头勇敢的小鹿冲了出去。

我急急忙忙地跑到值周教室，看了看被雨水冲得皱巴巴的鞋子与衣服，摸了摸还在滴水的头发。眼保健操快结束了，教室里的老师对我微微一笑，同学们认真做眼操，像是在安慰我……

我望了望袖章上的"值周"二字，心想：这是最后一班岗，我一定要做到最好！

——1309班　刘怡如

呀，还有人在打架。带着要化解矛盾的责任心，我大步走了过去，将他们两个分开，说道："你们可都是受过队前教育的，来，告诉我，少先队的作风是什么？"

"诚实、勇敢、活泼、团结。"

"你们两个既然知道，那么就应该做到。同学之间要团结，不能打架，知道了吗？快跟对方说对不起吧。"

"对不起。"

"对不起。"

"好啦，快去做操吧。"说完，我便走了出去。

"呼——"我长舒了一口气。这可是第一次啊，第一次给陌生人劝架，还说了那么一段道理。哪来的勇气呢？

过了一会儿，我看了看左臂上那神圣而光荣的红袖章，向下一个班跑去。我成功地站好了这最后一班岗！

——1309 班　欧阳羽臻

我心里格外激动，马上就是我大课间值周了。忽然，下课铃声从四面八方传入我的大脑，老师一声令下："同学们，下课！"我一跃而起，拿出袖章戴在左手臂上，迅速整理好胸前的红领巾，飞快地冲出教室，踩着《运动员进行曲》的音乐直奔操场。

"呼——"我长舒一口气，到了操场，周围一个人也没有。我找到一个入口，笔直地站着。不一会儿，就开始做国学操了，同学们的手往前一伸，又举起来，每个人做着相同的动作，远远地看着，非常壮观。太阳真是调皮，躲在云后边探出"脑袋"，这儿看看，那儿瞧瞧，胆子渐渐大了，便爬上老师、同学们的脚上、腰上、肩上……

我感觉到有些热了，周围的空气似乎正在慢慢凝固着，强烈的阳光让我的耳朵要烧起来了。一个体育老师从我身边跑过，我立刻恭敬地敬了个队礼："老师，您好！"老师微笑着点了点头。这个岗位是光荣的，我需要认真面对它，站好最后一班岗！

——1309 班　汪嘉航

我的袖章在这一刻似乎变得那么耀眼，它时刻提醒着我，最后一班岗的意义，不仅是为学校做最后的贡献，也是为班级做贡献。三年，我们并不能带走什么，唯一能带走的只有满满的友情和乘风破浪的勇气。

——1309 班　范峻恺

最累的还是课间操值勤，本来就很短的课间操时间，可是还要跑那么远的路，等气喘吁吁跑到那里时，音乐已经过去一大半了，我来不及休息，就又得马不停蹄地去检查，大汗淋漓。让我体会到值周的不容易，但是，如果没有值周生，那又会怎么样呢？

我想，那纪律一定会差许多，学校为了管理好学生，只能增加老师的工作量，学生的自律意识也将无法培养……由此，值周的重要性也就不言而喻了。

——1310 班　童烨

麓山国际实验小学通过这一系列毕业课程的设计和活动的开展，从情感切入学生个体的心灵世界，激发他们心灵的共鸣，促使他们产生深刻的情感体验，强化他们健康心理的引导，增强他们的责任担当意识，培养他们健康高尚的道德情操，从而发展和升华他们的道德情感，有力地促成了学校德育目标的实现。

第七章

核心素养召唤下的社会参与培养行动

　　《中国学生发展核心素养研究报告》指出：社会性是人的本质属性。社会参与，重在强调能处理好自我与社会的关系，养成现代公民所必须遵守和履行的道德准则和行为规范，增强社会责任感，提升创新精神和实践能力，促进个人价值实现，推动社会发展进步，发展成为有理想信念、敢于担当的人。[①]

　　麓山国际实验小学以基于社会参与的核心素养视角，从社会参与领域入手，结合学校"学会生存、学会关心"的育人目标和"价值引领、习惯养成"的育人理念，开发学校优势的育人资源，通过体系化的德育课程的开展，从社会参与素养的培养切入，促进了学生核心素养的整体发展。

---

① 林崇德：《中国学生发展核心素养研究报告》，2016 年 9 月 13 日。

《中小学德育工作指南》（以下简称"《指南》"）中明确提出：实践育人是实现德育目标六大途径之一，主要通过开展各类主题实践、劳动实践、研学旅行、志愿服务等，增强学生的社会责任感、创新精神和实践能力。[①] 在中国学生发展核心素养框架下，麓山国际实验小学开展了研学旅行、智慧劳动、五彩麓山枫等一系列德育实践活动课程，取得了良好的实践育人效果，达成了《指南》中的实践育人目标。

第一节　研学旅行课程体验社会责任

责任是核心素养的重要维度。黄四林、林崇德教授认为，社会责任认知是基础，社会责任情感是动力，社会责任能力是表现，对学生社会责任素养的培养重在情感体验过程和技能与能力的形成。[②] 麓山国际实验小学通过学校研学课程体系的构建和课程的实践探索，提升了麓小学子的社会责任认知，培养了他们的社会责任情感，增强了他们的社会责任能力。

一、研学旅行课程的背景

2004 年，《中共中央国务院关于进一步加强和改进未成年人思想道德建设的若干意见》提出："要丰富未成年人节假日参观、旅游活动的思想道德内涵，精心组织夏令营、冬令营、革命圣地游、红色旅游、绿色旅游以及各种参观、瞻仰和考察等活动，把深刻的教育内容融入生动有趣的课外活动之中。"2010 年，《国家中长期教育改革和发展规划纲要（2010—2020 年）》进一步强调："充分利用社会教育资源，开展各种课外及校外活动。"2012 年，教育部下发《关于开展中小学生研学旅行试点工作的函》，各地根据此函开始试点。2014 年教育部基础教育司颁发《关于进一步做好中小学生研学旅行试点工作的通知》，进一步扩大试点范围。2016 年教育部颁发《关于做好全国中小学研学旅行实验区工作的通知》，各地经过试点取得显著成效，积累了有益经验。但一些地区在推进研学旅行工作过程中，存在思想认识不到位、协调机制不完善、责任机制不健全、安全保障不规范等问题，制约了研学旅行有效开展。为此，2016 年教育部等十一个部委再次颁布《关于推进中小学生研学旅行的意见》，对中小学研学旅行进行全面规定，从政策

---

① 中华人民共和国教育部：《中小学德育工作指南（2017）》，2017 年 9 月 5 日。
② 黄四林、林崇德：《社会责任素养的内涵与结构》，《北京师范大学学报（社会科学版）》2018 年第 1 期。

层面将其列入中小学课程的一个部分，为中小学研学旅行提供了政策支持与导向。

基于以上政策的要求及学校育人为本的课程理念，麓山国际实验小学积极探索将原来的"春秋游、夏令营、国际游学"等活动系统化、课程化，构建麓小特色的研学旅行活动实践型课程，并取得了良好的实践成效。

二、研学旅行课程的实施开展

经过几年的探索实践，麓山国际实验小学的研学旅行课程已经形成了较为成熟的实施体系。

（一）实施原则

1. 教育性原则

研学旅行要结合学生身心特点、接受能力和实际需要，注重系统性、知识性、科学性和趣味性，为学生全面发展提供良好成长空间。

2. 实践性原则

研学旅行要因地制宜，呈现地域特色，带领学生走出校园，在与日常生活不同的环境中开阔视野、丰富知识、了解社会、亲近自然、参与体验。

3. 安全性原则

研学旅行要坚持安全第一，建立安全保障机制，明确安全保障责任，落实安全保障措施，确保学生安全。

4. 公益性原则

研学旅行不得开展以营利为目的的经营性创收，对贫困家庭学生要减免费用。

（二）实施策略

1. 分龄实施

学生从入校到毕业，一共12个学期，学校根据学生的年龄特点，设置了相对固定的12次主题研学活动，内容涵盖学工、学农、学军、红色主题教育、爱国主义基地教育等。同时也与常规学习课程的内容有机结合，取得一加一大于二的实践活动成效。

2. 全员参与

学校的研学旅行课程由学校统一组织实施通过集体旅行、集中食宿方式开展研究性学习和旅行体验相结合的校外教育活动，重点突出全员参与、集体活动、走出校园、实践体验，是学生自愿参与的社会实践活动。

3. 整体统筹

学校成立研学工作领导小组，由校长担任组长，主管校领导、纪检委员任副组长。学生处、教务处、办公室（国际交流中心）分别负责国内、国际研学课程的协调、管理和指导。

❖ **案例1：**

长沙麓山国际实验小学研学课程管理实施办法

为落实立德树人根本任务，根据《关于推进中小学生研学旅行的意见》《中小学学生赴境外研学旅行活动指南（试行）》等文件精神和《关于推进长沙市中小学生研学旅行工作的实施意见》（长教通〔2017〕226号）和《长沙市教育局直属学校学生出国（境）游学活动管理办法》（长教通〔2017〕92号）要求，按照学校课程建设方案，结合学校实际，特制定本办法（试行）。

一、组织原则

（一）研学课程由学校统一组织实施，通过集体旅行、集中食宿方式开展研究性学习和旅行体验相结合的校外教育活动，重点突出全员参与、集体活动、走出校园、实践体验，是学生自愿参与的社会实践活动。

（二）学校成立研学工作领导小组，由校长担任组长，主管校领导、纪检委员任副组长。学生处、教务处、办公室（国际交流中心）分别负责国内、国际研学课程的协调、管理和指导。

（三）坚持教育性、实践性、安全性、公益性基本原则。一是教育性原则，研学旅行要结合学生身心特点、接受能力和实际需要，注重系统性、知识性、科学性和趣味性，为学生全面发展提供良好成长空间。二是实践性原则，研学旅行要因地制宜，呈现地域特色，引导学生走出校园，在与日常生活不同的环境中开阔视野、丰富知识、了解社会、亲近自然、参与体验。三是安全性原则，研学旅行要坚持安全第一，建立安全保障机制，明确安全保障责任，落实安全保障措施，确保学生安全。四是公益性原则，研学旅行不得开展以营利为目的的经营性创收，对贫困家庭学生要减免费用。

二、组织要求

（一）对象、时间、地点

1. 学期中研学课程。主要利用教学时间或综合实践活动课时间开展，一至四年级安排一天，五、六年级安排两天一晚。各年级各学期研学地点（路线）基本固定，要求是省内中小学生研学旅行基地（营地）。研学时间相对固定，春季研学时间在"五一"劳动节前后，秋季研学时间在"十一"国庆节前后。

2. 假期国内研学课程。主要利用寒暑假开展，以小学四年级以上年级的学生为主体，时间不超过 10 天。地点为自然和文化遗产资源、红色教育资源和综合实践基地、大型公共设施、知名院校、工矿企业、科研机构等安全适宜的中小学生研学旅行基地（营地）。

3. 国际研学课程。根据友好单位邀请时间合理安排，主要利用寒暑假开展，以小学四年级以上年级的学生为主体，时间不超过 3 周。避免"只游不学"或"只学不游"现象，游学内容不少于境外全部行程计划的二分之一，每次不多于两个国家（地区）。

（二）承接机构

1. 学校研学课程采用以旅行社承办为主的方式进行，学期中、假期、国际研学课程承办旅行社分别从长沙市教育局发布的"长沙市中小学生国内研学旅行承办机构"目录、"长沙市中小学生境外研学旅行承办机构"目录中遴选。

2. 学期中研学、假期国内研学采取承接机构公开招标，项目费用合理核算方式，研学收费包含门票、食宿、交通、保险和合理利润等费用，不得高于长沙市同类学校相同线路、相同项目的报价。国际研学采取承接机构和项目费用同步公开招标方式。招标信息在校园网公开发布，具有资质的旅行社参与竞标，中标信息及时进行公示。国际研学招标结束后将招标情况和签订的合同报市教育局国际交流处备案。

3. 招标由学校校领导、纪检委员、学生处负责人、年级组组长代表、家长代表、兄弟学校特邀代表担任评委（国际研学增加市教育局选派评委）。

4. 学期中研学、假期国内研学中标承接旅行社应主动对接年级组或学校指定负责人，就研学地现场踩点，细致排查各方面问题，及时整改到位。

（三）严肃纪律，廉洁自律。学校、部门、年级组或教职工个人严禁索取和接受研学承接机构红包礼金、回扣、劳务费、奖励等利益输送。

三、组织实施

（一）活动准备

1. 精心设计研学旅行课程方案，立意高远、目标明确、内容翔实、过程扎实、评价科学、活动有效，实现"知行合一""研行一致"，避免"只旅不学"现象。同时要制订翔实的安全应急预案，做到"活动有方案，应急有预案"。

2. 对旅行路线进行勘察、踩线，明确路况和安全隐患，提醒师生注意弯道、山路、沟渠、水域等隐患。

3. 以书面形式将活动内容、时间安排、出行路线、食宿安排、所需费用

（含保险费）、文明安全等注意事项告知学生和家长，明确学校、家长、学生的责任权利，必须根据学生自愿参与且由家长签署同意书后方可进行，家长签署同意书由年级组统一收齐交由学生处留存。

4. 加强学生安全教育。以发放教育手册、开展主题讲座、集中开会、广播讲话、主题班会等多种形式指导学生熟悉必备的安全知识，规避和远离危险区域和场所，知晓应对突发情况的自我保护措施和求助方式等。

5. 国际研学出国（境）前，应登录教育部、外交部和驻外使领馆网站查看所提供的安全预警信息，避免前往自然灾害、政局动荡或战乱地区参加研学活动。学校、承办机构以及参加出国（境）研学活动的师生和随行人员应掌握国家驻外使、领馆和当地相关部门的联系方式，以便遇到紧急情况时寻求帮助。

6. 加强学生的文明出行教育。指导学生学习文明旅行知识，并对学生提出具体要求，强化团队精神和纪律意识，提升展示学校的良好风貌的自觉性和主动性。

7. 学期中研学、假期国内研学提前向区教育局学生处、安全处提交研学申请，在批准后组织实施。国际研学提前向市教育局国际交流中心申请，在批准后组织实施。

（二）学期中研学、假期国内研学活动组织

1. 年级组负责本年级研学旅行活动的具体组织与实施，根据学校方案主动对接承接旅行社做好本年级研学方案（含带班老师安排、乘车方案、研学教育教案、告家长书）以及安全预案。

2. 年级组发放回执单（回执单上有自愿参加字样），家长签字，学生带回执单交给班主任，班主任根据回执单整理研学名单。家长回执单由年级组收齐后交学生处存档。

3. 家委会组织收齐研学费用。旅行社与年级组对接确认名单（学生、老师姓名以及身份证号码）购买保险。

4. 返校后各车跟班老师清点人数，由班主任向年级组长报告到校安全情况，年级组长向学生处报告，学生处向校长报告。

（三）国际研学组织

1. 认真了解交流学习目的地国家和地区的情况（含相关法律规定情况），以及合作学校（机构）的背景，制订研学线路和方案，设计研学手册、宣传片等。

2. 根据学校《学生赴境外交流项目带队、随团教师管理暂行规定》遴选出

带队、随团教师。

3. 以年级组为单位组织学生报名、面试。组织通过面试的学生准备签证材料、录指纹及缴费。组织已缴费师生开展行前说明会，并签署合同。

4. 研学中应定期组织学生召开总结会。发现问题及时处理并做好记录，及时上报。对于在活动中违反纪律的学生，应及时给予批评教育；情节严重者，应与学校、家长联系，给予该生相应处理。

（四）总结评价

1. 各年级组及时进行研学总结，展示研学成果。返校后一周内年级组撰写研学新闻上传学校网站，并将研学新闻和研学成果资料发给学生处存档。

2. 学生处根据研学评优方案综合各部门反馈，对各年级研学情况作出评价。并将研学组织评价结果纳入年级组年度评优考核。

麓山国际实验小学研学优秀组织奖评比方案

评价内容	基准分值	评　价　办　法	操作方法
平安有序	20 分	研学过程中无任何安全事故计 20 分，每出现一次安全事故扣 1 分，扣完为止	带队行政提供考核结果给学生处
团队合作	10 分	团队合作意识强，无师生或团队单独行动的计 10 分，每出现一次师生无故缺勤或者不服从团队安排扣 1 分，扣完为止	带队行政提供考核结果给学生处
文明乘车	10 分	上下车有序、不喧哗吵闹，乘车时无危险举动、车上不吃零食、不乱扔垃圾，举止文明计 10 分，有违规行为，一次扣 0.1 分，扣完为止	跟车导游提供考核结果给学生处
研学组织	30 分	行前做好踩点工作，制订详细具体的研学计划，备好上好研学准备课、总结课的计 20 分，缺一项扣 1 分，扣完为止	学生处直接考核
研学成果	30 分	有新闻报道、学生研学卡、研学手册等研学成果整理好并进行展示的计 20 分，每缺一项或者未及时完成的扣 1 分，扣完为止	学生处直接考核

备注：某一项考核指标有突出表现的，学生处可以对该年级适当加分，但每项加分最多不得超过 5 分。此项评比将作为年级组评优考核内容。

三、研学旅行课程的实施成效

研学旅行课程是学校学科课程的有益补充，比学科课程内容更丰富，具有其他学科课程无法替代的作用，是中小学教育中的一门"新"课程。其教学活动是"第三教学"形式，即"培养学生自主学习的教学"。研学旅行通过引领学生走进自然、社会，融入生活之中，履历实践，感知鲜活的社会生活，感悟人生，在体验中获得知识和技能，培育发展学生的核心素养。

1. 研学旅行课程能帮助小学生拓宽视野，夯实知识

课堂教学主要以间接经验和理性知识为主，学生缺乏对自然的亲身感知和接触。而研学课程提供了一个拓宽学生视野的机会，对课本知识也是很好的巩固。

❖ 案例 2：

在"世界是最好的教科书"研学汇报会上的讲话

"读万卷书，行万里路"是中国古人的一种求知模式，亦是古人自我修养的途径。"读万卷书"是讲多读书，"行万里路"是讲多游历游学，这是求知必不可少的两个方面。

当今全球一体化，世界甚至被称作一个地球村，所以我们应该互相交流与学习，为世界美好做出共同的努力。一个国家和民族要发展、强大，屹立于世界民族之林，必须是开放的、创新的、包容的。一个人要走得远，必须会学习、视野宽、境界高。

我们麓山国际实验小学作为一所具有国际化视野的学校，一直积极搭建国际交流平台，与德国、法国、英国、韩国、澳大利亚和白俄罗斯等国家的学校建立了友好关系、成为姊妹学校，学校常态化地组织学生出元出国门进行国际交流，就是想培养学生的全球意识、多元文化的理解力，培养学生的好奇心、想象力、批判性思维能力、沟通能力与合作能力，培养学生的规则意识。我们开展国际研学旅行，一方面积极传播中国的文化，讲好中国故事，增强中华文化在世界上的感召力和影响力。我们经常跟孩子们讲："走出国门一定要把自己看成祖国的代表！不论任何国家、不管任何种族、政治制度、宗教信仰，所有人最尊敬的是热情的爱国者。"每一次国际研学活动，均以爱国主义教育为主题，围绕"做豪迈的中国人"的培养目标，关注学生思想和心灵的生长，帮助学生描画好人生底色。另一方面积极学习借鉴国外优秀文化成果，广泛参与世界文明对话。每次国际交流，学生超强的自理能力、交流交往能力，他们流露出的自信、爱心和良好的行为习惯、国际理解素养等也让我们感到欣慰和自豪。

"今日之责任不在他人，而全在我少年，少年智则国智，少年富则国富，少年强则国强，少年独立则国独立，少年自由则国自由，少年进步则国进步，少年雄于地球，则国雄于地球。"所以我们希望未来有这样一天，孩子们能在中国接受世界上最好的教育，长大能担当民族复兴之大任，这就是我们为之而奋斗，努力去做的事情。

孩子认知世界的方式与大人不同，要用自己的眼睛去看世界，用自己的心去感受世界，在这个过程中对我们内心是有触动的。不仅会在我们心中埋下一颗梦想的种子，更会让我们因这份梦想而充满激情、主动探索、努力奋斗，影响今后几十年的人生成长轨迹，一次游学，受益一生。

教育不仅要继承传统，更要立足时代。在包容中发展，在继承中创新。全国教育大会提出了扎根中国大地办教育的自觉自信，扎根中国、融通中外、立足时代、面向未来，发展具有中国特色、世界水平的现代教育，努力建设教育强国，是时代赋予我们教育人的崇高使命。我们将以"面向世界、博采众长、发展个性、奠基人生"为办学理念，通过体验式教育和行走中课堂的形式，服务于学生的国际化教育成长，努力培养有全球胸怀和独立人格的世界公民。让学生早日去了解世界，让学生把世界带回中国。

"世界是最好的教科书"，走出去就是学习，就是成长。

（龚拥军）

通过研学旅行课程的活动实践，可以让不同年龄和特点的学生以集体旅行和集中食宿的方式走出校园，实现对不同情形的感受。这是对学校教育情境的弥补与融合，将间接经验与直接经验相互联系在一起，进一步夯实了小学生的知识纹理。

❖ 案例 3：

过去，书本是孩子的世界　现在，世界是孩子的书本
——四年级研学长沙世界之窗站

一、研学背景

长沙世界之窗是一个融世界各国建筑奇观、五洲风情歌舞演出、文化主题活动、大型器械游乐、影视拍摄基地于一体的综合性大型研学旅行景区。长沙世界之窗作为一个综合性大型文化主题公园，建有埃及金字塔、美国自由女神像、德国新天鹅城堡等102个中外著名建筑奇观；拥有多名外籍表演者，也与海内外多个民俗文化演出团队建立了友好合作关系，为学生展现原汁原味的世界民俗文化表演，是学生具象地了解世界文化历史，感受民俗文化魅力的最好窗口。

二、研学思路

科普知识是培养青少年科技素质、科技意识的关键，所以学习科普知识不仅对新一代科学的发展很有好处，而且能够增强学生的创新意识。随着科学技术的发展，无论是领域的拓宽，还是科学精神的培育，目的都是扩展青少年的思维，所以知识科普的重要性是显而易见的。让同学们来一次说走就走的科普

盛宴，耳目一新的同时让同学们记忆犹新，放松身心，一边学习，一边开心快乐！

让学生开拓眼界、认识世界；近距离接触世界文化，了解文化异同；在集体活动中学会关心他人，融入集体大家庭；激发无限的创造力与充分的想象力，提升解决问题的能力。

三、研学类别

世界之窗科普研学课程

四、研学课程内容

课题一：异域风情，建筑博览

课程目标：

①认识各种建筑；了解建筑所属的国家。

②一起探索世界的奥秘，研究世界各国的文化。

③提升学生的实践动手能力。

课程开展形式：

进入长沙世界之窗，参观世界古代建筑7大奇迹，102个世界建筑奇观，认识长沙世界之窗研学地图，观看舞动世界歌舞秀。对异国文化和历史拥有全面、深入、准确的了解。

课题任务：

①金字塔是哪个国家的？你记住了哪些国家的建筑？

②建筑的特点在哪里？

③色彩搭配有什么技巧？画出自己心中最喜欢的建筑。

课题二：垃圾分类，环保卫士

（1）垃圾分类大课堂：主持人讲解垃圾分类的定义、类别、意义等知识点后，进行垃圾分类抢答赛。导师将参赛者分成8组，每组2人，参赛者根据主持人念出的题目，听主持人的口令进行抢答，答对题目数最多的组获胜，并获得奖品。

（2）主持人和导师将参赛者分成三队，进行垃圾分类挑战。每一个参赛组需要在限定时间内，将提供的垃圾分类小卡片正确分类，放入对应的分类垃圾桶中，最快完成分类且正确率最高的组获胜。获胜组成员可以在接下来的扔垃圾大赛中获得优先挑选垃圾类别的权利。

（3）主持人和导师将参赛者分为四组，通过垃圾传递比赛（人多时）或四方拔河比赛（人少时），依次获胜的组可以获得优先选择垃圾的权利；其中在

上个垃圾分类环节获胜组的同学，可以自由选择加入哪个分类垃圾组，比如可以挑选重量最轻的可回收垃圾组，则在扔垃圾环节最容易将垃圾扔出去，且命中率最高。

（4）垃圾分类打卡装置：①通过垃圾分类提醒互动装置增强学生对垃圾分类知识的科普及趣味性；②通过垃圾分类迎宾礼进行趣味互动和教学，营造学生在园区垃圾分类的活动氛围。

课题三：世界文化，寓学于乐

课程目标：

① 提升学生的审美观。

② 通过集体的努力做出一个作品。

③ 放松身心，锻炼自我。

④ 挑战自我，勇气训练。

⑤ 科技提升能力，创新决定思路，增强团队合作意识。

课程开展形式：

50 大游乐项目，湘江谷小镇、金刚热带雨林区，让学生在游玩的同时，放松心情、快乐研学，在游戏和相处中增进学生友谊；同时激发学生的想象力、创造力以及动手能力，让学生学有所思、玩有所乐，娱乐学习两不误。

课题任务：

① 自己了解的外国文化有哪些？

② 不敢挑战的项目有哪些，什么原因？

③ 最喜欢的游乐项目是哪个？

④ 交流心得体会。

五、评价体系

本次课程为了让学生更直观地分析自己的学习与生活情况，针对课程设置了评分要素，学生根据评分要素，对自身情况进行打分。

课程评价：

活动结束后，个人、班级、学校对活动进行全面总结，并写出总结报告。采用自评、互评、主题班会展评等多样化评价方式，由教师、学生从多角度对本次活动进行全面评价。

评价内容：

课程目标的达成情况；课程实施过程的活动情况，从遵守时间、爱护卫生、专注研学、安全纪律、同伴关系等方面对学生进行评价。

评价结果：

评选出优秀研学手册、优秀小组、优秀个人；通过班会、学校微信公众号、专题展览等形式进行展示。

阅读推荐：

研学旅行给学生提供亲历课本中的湖光山色、切实感知自然人文的机会，还提供了带着书本中的问题去探索和发现的机会。现推荐几册供参考学习：

《给孩子的世界建筑史》：《世界之窗》通过这些书，我们可以欣赏人类曾用于居住和工作的场所，从而了解几千年来人类生活的变化。从古代简单的泥巴小屋，到如今高耸的摩天大楼，这本书将带着学生去探究那些对世界产生深刻影响的重要建筑。

本着"一切为了孩子，一切为了明天"的育人理念，在课程设计方面，践行"生活化"的教学设计理念；在教学活动设计中，关注学生差异和需求，鼓励参与，关注实效；在英语校本课程编制中，切实立足于培养学生的思维能力，发展学生用英语获取信息和处理信息的能力；在教学模式上教师勇于创新，在对话教学和语篇教学中积累了丰富的经验；在学生评价方面，全体英语教师致力于让学生享受评价，体验成功，为后继学习"增值"。

（李恋）

2. 研学旅行课程能培养学生的安全意识，学会自我保护

研学旅行课程的活动实践是与大自然和社会接触的一个过程，尤其是高年级学生的研学都是安排在外住宿，寒暑假及出国研学的时间就更长了。而面对不同的环境，怎样对自身安全进行保障，这也是对小学生安全教育的一种良好方式。研学旅行活动前的安全教育课程，可以提高小学生的安全意识，增强自身保护能力。小学生通过研学旅行也能够掌握更多的安全知识，学会对自我的保护。例如乘坐车辆要系好安全带；过马路必须要看红绿灯，做到红灯停、绿灯行；不能随意乱闯乱跑；远离危险地带等各种安全常识。

❖ **案例4：**

我和祖国共成长，筑梦绿色家园

——一年级2019秋季研学

研学目标：

一年级学生九月份才迈入小学，一个月的班级常规教育与学校的礼仪教育已初见成效。在老师的教育、家长的配合下，麓小的升旗礼、环保礼、路队礼正在学习和实施。本次研学也是属于学生进入小学以来的第一次研学之旅，对

其来说意义非凡，对学校和老师来说是一次巨大的挑战。一年级18个班，共828人，人数多、队伍庞大，安全意识和合作意识还不是特别强，学生走出校门后，进行爱国主义教育体验、革命传统教育体验、国防教育、公共安全教育。学会保护环境，从小做起，人人应是行动者。体验职业乐趣，树立正确的人生观、价值观，启蒙职业理想，为之努力奋斗。

研学内容：

我和祖国共成长，通过"拳拳之心、守卫祖国"升旗仪式及宣誓仪式，参观主题展馆、聆听革命英雄故事，进行爱国主义教育体验、革命传统教育体验、国防教育、公共安全教育；通过职业体验知道环保的重要性，了解垃圾分类实践知识，在研学途中争做"环保卫士"，不乱丢垃圾，餐后主动清理垃圾，做到"到过的地方比来时更美"；通过职业体验，了解各种职业，启蒙职业梦想。

研学评价：

1912班教师评价：

1. 表扬孩子们今天按时到校，并且听从老师和导游的安排，安全有序乘车和游玩，没有一例安全事故！

2. 孩子们都带了自己的食物并且能与别人分享，特别提出表扬：懂得分享零食的孩子：易李莎白、周涵湘、杨可佳、陈恩铭等。易李莎白妈妈还为大家做了三明治，特别美味。孩子们自己携带了垃圾袋，游玩区没有一点儿垃圾，表扬孩子们爱护环境，互相合作，关心同学。

小组评价：各小组组长对本组总体情况及组员在保护环境、职业体验、安全乘车等方面的表现进行评价。

学生互评：小组成员之间针对环保、路队、合作、文明有礼等方面进行互评。

家长反馈：

今天学校进行了"我和祖国共成长，筑梦绿色家园"的研学活动！研学地点是酷贝拉，孩子别提多高兴了，回家后滔滔不绝地和我聊起了他的收获，告诉我：保护环境要从现在做起，从小事做起，人人都是行动者。满满的正能量！感谢麓小组织的这么有意义的研学活动！

教师总结：

此次活动通过学习研究和旅行体验的有机结合，寓教育性、知识性、科学性、趣味性于一体，以生动直观的方式实现了教育目标，并让学生在亲近自然的同时，增长了知识，开阔了视野，弥补了课堂教学的不足。同时也体现了学生的集体意识、环保意识、协作意识等，全面提升了学生的综合素质，真正做到让学生"在游中有所学、在行中有所思"。

3. 研学旅行课程提升了学生的综合素质，培养了学生的爱国之情

现代社会的快速发展和进步，面对不同家庭的经济状况以及贫富差距，人们逐渐由物质层面的追求演变成精神层面的追求，这也对小学生直接产生了影响，很多小学生在日常的学习中严重缺乏契约精神和团队精神，也没有责任感和秩序感，也不懂得如何进行欣赏，在文明方面更是体现出欠缺的一面，甚至直接演变成了各种社会严重问题。研学旅行能逐步引导学生主动适应社会，将书本中所学到的知识与实际的生活进行深度融合，在旅行的同时锻炼和培养了小学生的文明旅游意识，让他们从小养成良好的行为和习惯。尤其是一些具有先进革命事迹的旅游地区，小学生在研学旅行的过程中了解到革命烈士的先进事迹，还激发了小学生对党和国家以及人民的热爱之情，促进了他们社会主义核心价值观的形成。

❖ 案例 5：

红船少年心向党，柏乐园里歌飞扬
——麓山国际实验小学五年级秋季研学活动

细雨霏霏的秋，凉风瑟瑟的秋，枫叶火火的秋，麦浪滚滚的秋……在这两天都成为了麓小学子的背景色。一张张孩子的笑脸让这个秋天美不胜收，因为我们出发啦，怀揣着火热的少年心，向着研学目的地——柏乐园出发啦！

很快我们就到达了柏乐园雷锋研学基地，看到大家灿烂的笑容，整齐的队列，不禁想要大喊一声"我言秋日胜春朝"。

开营仪式上，我们精神抖擞，教官、沈主任分别给我们做了激动人心的动员讲话，让我们心潮澎湃，迫不及待想要踏上美妙的研学之旅。

两天一夜的研学之旅，就要开始了。我们五年级的同学们第一次离开爸爸妈妈的怀抱在外过夜，能吃得好吗，能睡得香吗，体验会刺激有趣吗？别急别急，让我们看看现场直播！

我们麓小学子可是个顶个的棒呢！不仅把自己的生活照顾好了，还参与了丰富的研学课程，玩中学，学中玩，真是一举多得呀！

课程一：开营献花，缅怀先辈

我们排着整齐的队伍庄重地站在雷锋广场上，瞻仰雷锋塑像，向雷锋塑像敬献花篮。雷锋是一心向党、坚定理想信念的杰出代表，新时代的我们学习、践行雷锋精神，就是更好地坚守党的初心使命，赓续共产党人的精神血脉。

课程二：红船精神，我来传承

在"红船精神文化馆"，我们认真参观、学习，了解共产党所走过的艰苦历程，感悟红船精神的内涵，更感叹今日我们幸福生活的来之不易。同学们暗下决心，响应习近平总书记的号召，"扣好人生第一粒纽扣"，用努力奋斗成就自己，稳稳地接上红色接力棒！

课程三：营地体验，快乐出发

在科技互动区，我们了解、体验了双人飞天、炮弹飞车、滑翔飞翼、激战鲨鱼岛、阿拉伯飞毯、丹麦美人鱼、摩天轮、太空漫步等多个项目，我们不禁再次对科技的力量产生了崇拜之心，只有用科学武装了自己，才能让祖国更加强大。

课程四：同心协力，精彩无限

我们都知道"独木不成林""团结力量大"。在研学活动中，我们跟着教官，组建团队，在一次次团建活动中，我们互相协作，完成了一个又一个艰巨的任务，有欢笑有泪水，有坚持有忍让，但最开心的一定是收获成长。

风采展示放异彩

两天一夜的研学活动很快就结束了。在活动中，孩子们走出课堂，通过红色文化、雷锋精神、科技畅玩、动物观赏、意志磨炼、团队拓展等综合活动课程的学习体验，了解了中华人民共和国的百年奋斗历程，从中懂得当今生活来之不易，珍惜当下生活；在团队生活中增进了同学之间的感情，锻炼了自立自理的能力，全面提升了综合素养。结营仪式上，教官和沈主任肯定了我们两天一夜的表现，给我们颁发了研学实践证书。

麓山国际实验小学的研学旅行课程，从课程目标、课程内容、课程结构、课程评价、课程资源开发等各环节开展德育教育。通过让学生适时走出校园，亲身参与，积极实践，感知体验，使学校的德育教育充满了生机与活力，提升了麓小学子社会参与核心素养的发展，对学生的全面发展产生了积极的影响。

第二节 智慧劳动课程开启实践创新

劳动是中华民族的传统美德，劳动教育是学校教育的重要内容。2018 年的全国教育大会上，习近平总书记指出，要努力构建德智体美劳全面培养的教育体系，形成更高水平的人才培养体系。将劳动教育列入德智体美劳全面发展教育体系，把劳动教育从一般原则要求层面提升到全面育人的重要内容层面，真正确立"五育并举"的育人格局。

在这样的时代背景下，麓山国际实验小学的劳动教育从"培养德智体美劳全面发展的时代新人"这一目标出发，把劳动教育纳入人的全面发展的教育体系，通过学校屋顶农场智慧劳动课程的实践开展，尝试构建学校农耕课程，逐步探索形成学校"五育并举"的新时代育人格局。

一、智慧劳动课程开设的背景

2020年3月，中共中央国务院颁发《关于全面加强新时代大中小学劳动教育的意见》（以下简称《意见》），《意见》指出"劳动教育是中国特色社会主义教育制度的重要内容，直接决定社会主义建设者和接班人的劳动精神面貌、劳动价值取向和劳动技能水平"。因此，在中小学落实劳动教育，对培养学生的健全人格、强健体魄，对落实立德树人根本任务都有着重要意义。劳动教育成为学生全面发展不可或缺的重要部分。《意见》提出广泛开展综合性、实践性、开放性、针对性的劳动教育实践活动。

2021年8月24日，教育部印发了《大中小学劳动教育指导纲要（试行）》（以下简称《纲要》）。《纲要》强调劳动教育要强化劳动观念，弘扬劳动精神，这些观念、精神必须在具体的劳动实践过程中才能形成。靠简单的知识讲解、概念灌输，不可能使学生真正形成对劳动的真情实感和正确认识。另外，从德智体美劳"五育"并举的培养体系看，每一育都有独特的育人功能、育人价值和教育内涵。劳动教育一方面强调体力劳动和脑力劳动相结合，另一方面要防止以"智育"取代劳动教育，避免单纯通过在课堂上教知识、讲劳动来实施劳动教育。既要防止泛化也要防止窄化。

新时代学生不仅需要体力劳动，还需要将其与脑力劳动巧妙结合，屋顶农场智慧劳动课程在传统的种植体验劳动教育中渗透科学探究、STEM理念、发明创造等内容，让智慧劳动更好地为学生成长成才服务。

麓山国际实验小学因地制宜开展的屋顶农场智慧劳动课程，不仅创新了劳动形式和内容，还分学段精心开展适合学生年龄特点的课程，组织实施效果较好。学生能在劳动中进行创新创造，提升劳动素养，发展自身潜能。通过前期实践发现，学生对农场活动表现出了强烈的兴趣和求知欲望，他们非常愿意在农场开展学习活动。至今农场上还保留有学生制作的棉花贴画、黏土手工、花卉图鉴等作品，以及去年他们种下的香菜结出的种子也都留有一颗给予学生做

保存留念。在农场上也有学生写下的关于节气的便签。

因此，学校屋顶农场智慧劳动课程的开展，无论对学生核心素养的培养，还是落实立德树人根本任务都有着重要意义。

二、智慧劳动课程的实施途径

结合学校实际情况，学校屋顶农场智慧劳动课程根据不同学段学生的身心特点，通过创造性设计适合学生学习的主题活动的途径形式，带着学生走进农场，让他们与自然充分接触，在农场进行探索性的课程体验与实践，让学生在实践与合作中激发劳动兴趣，掌握基本劳动技能，养成良好的劳动习惯和观念，在劳动中发展其创新和实践能力。

（一）基于节气文化，开设体验课程

节气是指二十四个时节和气候，它是根据太阳周年运动制定的一种用来指导农事的补充历法，同时也是我国古代劳动人民长期积累的经验成果和智慧结晶。2016 年 11 月 30 日，中国"二十四节气"被正式列入联合国教科文组织人类非物质文化遗产代表名录。2017 年学校被教育部认定为第二批全国中小学中华优秀文化艺术传承学校，麓小教师一直在探索如何更好地将传统文化与学校教育巧妙结合。当屋顶农场的劳动教育如火如荼开展时，"二十四节气"给劳动注入了文化内涵，农场的"节气劳动体验课程"也成为了学生最期待的课程之一。节气劳动体验实施步骤分为如下几个阶段：

1. 了解节气文化

大部分学生对二十四节气的了解是片面的、浅显的，在课程实施之初教师会通过交流、讨论、演绎等多种方式向学生介绍节气知识，让学生了解传统文化，形成喜爱传统文化、敬畏传统文化、激发民族自豪感的情感氛围，同时为农场的农耕种植活动提供知识准备。

2. 体验种植活动

城市学校的学生接触的都是钢筋水泥，亲身接触大自然的机会有限，农场的实践基地给了学生体验的平台。学生在了解节气文化后，以节气文化为指导，参与农场劳动。比如：春分育苗、立夏锄草、小满除虫授粉、芒种赏花、处暑灌水等。劳动课程与传统文化巧妙结合，让学生在传统文化的熏陶下快乐劳动，健康成长。根据二十四节气的时间节点及学校农场的实际情况设计了以下实践内容。

"二十四节气"主题种植活动计划清单

序号	时 间	内 容
1	2月4日（立春）	立春筹耕
2	2月19日（雨水）	雨水备种
3	3月5日（惊蛰）	惊蛰播种（系列活动） 蛇目菊、百日菊、波斯菊、五色菊、蓝花鼠尾草、柳叶马鞭草、孔雀草、凤仙花、太阳花、百合、辣椒、番茄
		油菜花专题
4	3月21日（春分）	春分育苗（系列活动） 向日葵、鸡冠花、百合、蕹菜、马齿苋、红薯、玉米
5	4月5日（清明）	清明瓜豆（系列活动） 茑萝松、牵牛花、千日红、木耳菜
6	4月20日（谷雨）	谷雨移苗（系列活动） 辣椒、番茄
		紫藤专题
7	5月5日（立夏）	立夏除草
8	5月21日（小满）	小满除虫
		人工授粉
9	6月6日（芒种）	芒种赏花
10	6月21日（夏至）	售卖
		夏至追肥
11	7月7日（小暑）	小暑防热
12	7月23日（大暑）	大暑放假
13	8月7日（立秋）	立秋放假
14	8月23日（处暑）	处暑灌水
15	9月8日（白露）	白露秋种
16	9月23日（秋分）	秋分秋收（红薯叶、辣椒等）
17	10月8日（寒露）	寒露秋肥
		多肉移盆
18	10月23日（霜降）	霜降秋管
19	11月7日（立冬）	立冬修剪
		立冬补冬
20	11月22日（小雪）	小雪冬收
21	12月7日（大雪）	大雪积肥
22	12月22日（冬至）	冬至防寒
23	1月5日（小寒）	小寒防冻
24	1月20日（大寒）	大寒冬藏

3. 进行实践展示

在学习、体验的基础上，课程还根据节气与农场的实施效果设置了实践内容，为学生搭建展示自我、充分表达的机会。比如在芒种举办农场花卉展示活动，开放农场让全校师生驻足赏花；秋分举办农场丰收节，将丰收的农产品和学生自主加工的农副产品进行爱心义卖，等等。实践活动的开展让参与劳作的学生更有成就感，培养了他们尊重劳动、热爱劳动的优良品质。

❖ 案例 6：

秋　分
——农场丰收节

一、活动背景

现在的孩子，虽然食用过各种瓜果蔬菜，但是缺乏自己栽种、丰收的经历和情感，学校屋顶农场则为他们提供了这样的机会。通过丰收节，跟随二十四节气之秋收的步伐，教师组织引导学生接触大自然，通过参观农场话丰收、田间地头享丰收、创意制作晒丰收等以丰收为主的各项特色活动，让学生知五谷尝辛劳，感受人与土地的连接，体验农耕文明及乡土文化，感受丰收带来的喜悦。

二、活动目标

知识目标

1. 知道农场瓜果蔬菜的形态特征、生长周期等。

2. 知道采摘瓜果蔬菜的方法和注意事项。

3. 了解各种农耕工具的用途。

4. 了解二十四节气与秋收的传统习俗。

能力目标

1. 能辨别果蔬种类及果蔬成熟情况。

2. 学会正确使用农耕工具，合理采摘。

3. 通过亲身体验，提高动手实践能力、创新精神。

4. 通过团队协作完成采摘等丰收活动，体会与他人合作的乐趣。

三、参与人员：中高年级学生

四、活动时间：秋分前后历时两个月

五、活动过程

第一部分：参观农场话丰收

谈话："春雨惊春清谷天，夏满芒夏暑相连。秋处露秋寒霜降，冬雪雪冬小大寒。"

提问：同学们，你知道这个朗朗上口的歌谣说的是什么吗？关于二十四节气，你了解多少呢？

学生交流。

小结：二十四节气是中国人长期积累下的一套时间知识体系，反映季节、气温、物候的变化，讲求人与自然在时序中的和谐统一。长期以来，中国人借由二十四节气在农业生产中实现与大自然的协调，也在日常饮食起居中达成平衡。

过渡：2018 年起，每年秋分日被设立为"中国农民丰收节"。现在，农场也有很多果蔬成熟了，咱们农场的丰收节也到了！我们一起去看看吧！

带领学生去屋顶农场认识各种各样的瓜果蔬菜。观察并记录各种果蔬的形态特点，辨别果蔬是否成熟。

学生交流分享。

第二部分：田间地头享丰收

谈话：金色的秋天，硕果累累。让我们一起感受秋的脉搏，采集收获的喜悦！接下来，我们要一起来采摘成熟的果蔬啦。

1. 挖红薯、萝卜

交流：红薯、萝卜是什么样子的？怎么采摘呢？

提问：要用到什么农耕工具呢？我们的农场工具房有一些不同种类的农耕工具，请几位同学拿出来展示一下，看看什么工具最适合挖红薯。

展示：出示锄头、铲子、镰刀、铁耙、高枝剪等农耕工具。

介绍：请学生介绍各种农耕工具的用途。

提问：了解了这些农耕工具的用途后，现在你知道挖红薯、萝卜用什么工具最好吗？

展示：请一位学生现场示范挖红薯，教师适时提醒挖红薯的注意事项。

2. 割韭菜、摘葱蒜

引导：刚刚我们还认识了镰刀，镰刀可以用来收获什么蔬菜呢？对，可以用来割稻谷、割韭菜。但如果收割韭菜的方法不当，不仅会把韭菜根割死，还会造成损失。应该怎么做呢？

学生交流。

小结：

（1）尽量不刨韭菜根，保证韭菜可以不断生长。

（2）收割次数不宜过多，要把韭菜养粗养肥，才利于下次收割。

（3）收割高度以离根 4 厘米处为宜，不能离根太近，否则将影响下一茬韭

菜的生长。"扬刀一寸，等于上茬粪"就是这个道理。

3. 摘白菜、包菜和莴苣

展示：带领学生分辨成熟的白菜、包菜和莴苣。请几位学生现场操作示范，教师在旁适时指导。

4. 摘柚子、橘子

提问：除了地上的蔬菜外，农场的果树上还结了很多柚子、橘子。要想选一个甜柚子，该怎么挑？

学生交流。

小结：相同条件下的柚子，越重越好。柚子不要买太长的，太长了说明果肉不是很多。选择上窄下宽、扁圆形、颈短的柚子为好。摸柚子皮的光滑度，用力按压时，不易按下的说明囊内紧实，质量好。

追问：柚子树长得太高了，爬上去有点危险，你们知道用什么农耕工具比较好吗？

引导：我们可以用高枝剪把柚子的茎部剪断。但如果柚子直接落下来，可能会摔坏。怎么办呢？

学生可能回答：

1. 在下面用手接。(提醒学生直接用手接不安全。容易受伤。)

2. 用衣服或者是一张网来接住它。

小结：你们真会动脑筋，这些办法非常好，都是比较安全的。接下来，让我们一起来采摘成熟的果蔬吧！

第三部分：创意制作晒丰收

1. 制作"秋牛图"

谈话：秋分时节还有送秋牛的习俗。所谓秋牛，就是一张印着农历节气和耕牛图案的红纸，也称为"秋牛图"。在秋分这天，能说会道的人挨家挨户送秋牛图，说一些应景的吉祥话，这种活动也称为"说秋"，是人们庆祝丰收的习俗。

交流：我们在美术课上学过了中国传统的剪纸艺术，让我们比比看谁能做出好看的"秋牛图"吧？

学生动手制作"秋牛图"并展示分享。

带领学生体验"说秋"活动。

2. 小农夫市集

谈话：本次丰收节，我们开设了"小农夫市集"，可以将我们的收获进行爱心义卖，宣传屋顶农场的特色绿色有机农副产品。同学们，赶快行动起来吧！

组织学生将所收获的农场水果、各类干鲜菜以及制作的农耕文化产品（如秋牛图、棉花加工作品、蚕茧蚕丝等）进行分享。

小结：分享收获，体会成长。组织学生在班上分享自己的劳动感受、学习收获，以及丰收节过程中发生的趣事等。

案例评析

本案例基于二十四节气中的"秋分"进行设计，让学生切身感受参与劳动后丰收的喜悦。案例以屋顶农场果蔬丰收的真实情景，开设了以丰收为主的各项特色活动。在活动中带领学生体验了农耕劳动，并动手采摘果蔬、学习加工技能、制作成品，体会了劳动人民的智慧，感受到合作劳动的快乐，真正让屋顶农场的户外课堂成为现代学校教育的延伸。

大自然是学生最广阔的教室，本课程的特色是将屋顶农场上的劳动教育与语文、美术、科学等学科知识有机融合，让学生与自然充分接触，用全部感官去认知和学习。

补充内容：

1. 学生作品：秋牛图、棉花加工作品、蚕茧蚕丝作品展示；

2. 过程性图片：制作秋牛图、"说秋"活动图、小农夫市集图；

3. 实施成效及反思。

（二）基于学科知识，拓展教学资源

劳动课程同样需要知识概念的补充，屋顶农场智慧劳动课程不能完全脱离学生的日常学习，所以针对中年级学段学生，我们主要结合不同学科教材的内容，设计主题课程。具体实施如下：

1. 详读教材，挖掘核心概念

在课程研发阶段，教师需认真研读该学段的教材内容，找出适合在农场开展学习的核心概念。通过农场的实践活动，让学生对课本知识有亲身的体验感知，最终实现概念的建构和迁移。比如四年级科学课需要学习"植物的生长变化"单元，教师提炼单元的核心概念：植物的生命周期、结构与功能。

2. 整合学科资源，设计主题课程

确定核心概念之后，教师需要围绕核心概念设计主题课程。做到课程来源于教材，但内容的趣味性和认知广度又区别于教材。

通过实践发现，好的课程最好能为课本学习提供资源，比如农场种植的凤仙花，可以为学习"植物的生长变化"提供观察、解剖的材料，为学生在进行植物绘画时提供真实丰富的写生素材，在语文学习的时候感受二十四节气及民俗文化等传统文化的魅力。课堂是学生学习知识的小天地，天地自然是学生探索知识的大课堂。智慧劳动课程的内容要为学生提供更多的实践机会，比如制作植物标本、人工授粉、探索嫁接奥秘等。基于服务课堂学习、拓展实践平台的理念设计的课程，在服务学生成长的基础上还受到了各任课老师的喜欢，更具推广价值。

❖ **案例7：**

三年级
——农场的桑蚕文化

一、活动背景

中国是蚕桑文化的起源地。我国的栽桑、养蚕、制丝织绸对世界文明发展有着重要意义，我国的蚕桑文化渗透历代社会的各个方面，是中华民族文化的重要内容之一。为了让学生了解桑蚕文化，增强民族自豪感，学校结合三年级科学课"养蚕"教学内容，设计"桑蚕文化"课程。让学生在种植桑树、饲养桑蚕、缫制蚕丝的过程中感受传统文化，学习传统技术，了解动物生命周期。

二、活动目的

知识目标

1. 了解蚕的生命周期、生活习性、食性等。

2. 知道碱水浸泡的缫丝原理。

能力目标

1. 通过观察蚕的生长过程培养学生长期观察记录能力，通过对比室内养蚕和桑树自然养蚕培养学生独立探究的能力。

2. 通过对无茧羽化实验的探究培养学生的创新思维能力。

3. 通过"给蚕建一个家"培养学生的设计制作能力。

三、参与人员

三年级学生

四、活动时间

科学课、课后

五、活动过程

第一部分：了解桑蚕文化（1课时）

科学阅读：丝绸之路

介绍："丝绸之路"是古代中国和其他国家政治、经济、文化交流非常重要的一个途径。为什么取名"丝绸之路"呢？原来这些交换的商品中，丝绸是当时东亚强盛文明的象征。其他国家的帝王、贵族曾一度以穿着用腓尼基红染过的中国丝绸作为无比荣耀的象征。

2014年6月22日，中、哈、吉三国联合申报的陆上丝绸之路的东段"丝绸之路：长安——天山廊道的路网"成功申报为世界文化遗产，成为首例跨国合作而成功申遗的项目。

交流：通过刚刚的介绍，同学们应该知道中国的丝绸在当时是举世闻名的，而且丝绸的制作工艺由中国独创，你们知道中国丝绸是怎么产生的吗？

学生回答：蚕丝。

交流：没错，蚕丝确实是丝绸的基本原料，相传嫘祖是世界上第一个养蚕的人。

故事阅读：有一天，这几个女人悄悄商量，决定上山摘些野果回来给嫘祖吃。她们摘了许多果子，可是用口一尝，不是涩的，便是酸的，直到天快黑了，突然在一片桑树林里发现满树结着白色的小果。她们以为找到了好鲜果，就忙着去摘，谁也没顾得上尝一小口。回来后，这些女子尝了尝白色的小果，没有什么味道；又用牙咬了咬，怎么也咬不烂。大家你看我，我看你，谁也不知道是什么果子，把它丢在了水盆中，结果白色小果变成了一摊细线。正在这时，嫘祖走了过来，发现几个女人站在那里发愣，连忙问发生了什么事。她们把白色小果的事说了一遍，嫘祖是个非常聪明的女人，看了这些细丝线，又询问了白色小果是从什么山上、什么树上摘的。然后她高兴地对周围女子说："这不是果子，不能吃，但却有大用处，你们为黄帝立下一大功。"她亲自带领她们上山去看个究竟。嫘祖在桑树林里观察了好几天，才弄清这种白色小果并非树上的果子，而是一种虫子口吐细丝绕织而成的。她回来就把此事报告黄帝，并要求黄帝下令保护山上所有的桑树林。黄帝同意了。从此，在嫘祖的倡导下，开始了栽桑养蚕的历史。世人为了纪念嫘祖这一功绩，就将她尊称为"先蚕娘娘"。

交流：虽然这是一个神话传说，但是说明了蚕桑文化在我们中华文明的历史地位。就在我们长沙出土的马王堆汉墓也有很多用蚕丝做成的物品。其中最著名的就是素纱蝉衣（重量仅有49克），是国家一级文物，代表着西汉时期纺织技术巅峰时期的作品。出土后，现代技术想要模仿制造像它一样轻薄的蝉衣都没办法完成。同学们有兴趣可以去博物馆参观学习。

提问：如果我们想深入了解桑蚕文化可以怎么做？

学生交流：自己养蚕、种桑树，如果有条件还可以试着织布。

小结：没错，只有亲自体验之后才能深入了解，接下来我们就通过饲养蚕

来感受我国闻名的蚕桑文化。

第二部分：新时代桑蚕养殖

提问：你们知道蚕的生命是从什么时候开始的吗？

学生交流——聚焦蚕卵

引导：蚕卵一般在春天会孵出蚁蚕，因为蚁蚕孵出需要一定的温度。同学们可以尝试从蚕卵开始饲养蚕。

提问：我们在饲养过程中需要注意哪些问题？

1. 蚕吃什么？

2. 除了给蚕喂食物还有其他需要注意的细节吗？

3. 在哪里饲养会比较合适？

通过师生共同交流确定以下几个事项：

1. 需要给蚕喂桑叶，最好每天进行更换，蚕比较小的时候提供嫩桑叶，喂桑叶时注意将桑叶上的水擦干。

2. 需要按时给蚕清理粪便。（蚕的粪便也有特殊功能，可以查阅资料。）

3. 可以用一个纸盒喂养蚕，但是注意通风。

提问：刚刚我们在嫘祖的故事中发现蚕生活在哪里？

学生回答：桑树上。

追问：那生活在纸盒子里的蚕和桑树上的蚕会不一样吗？

聚焦：可以尝试做一个对比实验，分别在农场的桑树和室内的纸盒分别喂养蚕，观察蚕的生活习性会不会不同？

提问：蚕不喜欢雨水，如果在室外的桑树上饲养，温度和湿度不一定会适合蚕，怎么解决这个问题？

交流：可以将农场的桑树移植到农场的工具房里，这样就给蚕提供了一个可控的自然环境。

提问：在饲养蚕的过程中我们应该如何观察？

学生回答：可以采用实验记录表的方法，也可以用拍照的方式记录。

养蚕观察记录表							
日　　期							
颜　　色							
长　　度							
其他变化							
我的发现							

学生交流汇报——饲养观察蚕

1. 饲养一周左右进行一次交流

（1）围绕蜕皮、睡眠等现象进行交流。

（2）纸盒饲养和桑树自然饲养有什么不一样？

2. 吐丝结茧前进行一次交流

（1）提醒学生观察蚕的身体结构及功能。

（2）接下来需要为蚕吐丝结茧做什么准备？

（3）如何给蚕搭建一个适合吐丝结茧的场所？

3. 结茧后进行一次交流：观察茧的结构

4. 交尾、产卵时进行一次交流

小结：通过两种饲养蚕的方法，请你们总结蚕的一生需要经历哪些阶段？其中有什么特殊的现象？

提问：可以用什么方式进行总结？

学生交流：手抄报、PPT、视频等。

全班交流汇报。

第三部分：我是缫丝小能手（2课时）

提问：茧除了能够给蚕蛹提供保护作用，还能做什么？

交流：抽丝。

介绍：我们通常使用碱水浸泡，然后进行抽丝。

追问：我们自己剩下的这些茧进行缫丝可能存在哪些问题？（已经被蚕蛾咬破的蚕茧。）

交流：蚕丝可能是断的。

提问：如果想要得到一根完整的蚕丝你有什么办法？

交流：在蚕蛹阶段直接缫丝。（学生反对，这种做法会伤害蚕茧里面的蛹。）

提问：你们有什么办法既可以不伤害蚕蛹又能得到完整的蚕丝？

引导：统一购买工业生产用于缫丝的蚕茧。

学生活动尝试缫丝。

交流：你们在缫丝过程中遇到了哪些问题？

学生回答：

1. 蚕丝比较长，缫丝比较久，能否想办法让缫丝更加方便；

2. 线头比较难找。

全班交流，对学生提出的问题进行解答。

引导：古代劳动人民是怎么缫丝的？

出示：缫丝机。

引导学生组装统一购买的缫丝机，并用缫丝机进行缫丝。

活动：学生缫丝

提问：通过近两个月的养蚕活动，你们有什么收获或者有什么话想对蚕宝宝说吗？

小结：引导学生认识蚕的伟大，50多天的生命为人类带来了巨大贡献，我们也要向蚕宝宝学习坚持不懈的"吐丝"精神，成为有用的人！

案例评析

"农场的桑蚕文化"案例是一个长期饲养观察的课例，需要学生持续两个月时间进行观察记录。这样的案例很好地补充了课堂教学缺乏的长时探究和持续观察等能力。

本案例与教材设计的活动相比，更加注重对桑蚕文化的渗透，而不是简单地了解蚕的生命周期。第一部分，通过了解中国的桑蚕文化、增强学生的文化自信、民族自豪感。第二部分，对比研究自然环境下饲养桑蚕和纸盒内饲养桑蚕让养蚕活动增加了探究性和趣味性。第三部分了解并实践缫丝技术，带着学生体验几千年前的蚕文化，感受我国劳动人民的智慧，认识妇女养蚕织布中体现出来的勤劳、细心的优良品德。

通过本课程的开展，学生表达了对蚕生命的敬畏，不起眼的动物能够为中国文化贡献出非凡的价值，他们进一步懂得了热爱劳动，敬畏自然，尊重生命。

（三）基于科技创新，开发主题课程

实践创新是中国学生发展的六大核心素养之一，它主要表现在劳动意识、问题解决、技术应用三个层面。要求学生具有动手操作能力，掌握一定的劳动技能；善于发现和提出问题，有解决问题的兴趣和热情；具有工程思维，能将创意和方案转化为有形物品或者对已有物品进行改进与优化等。想要达到以上目标，需要为学生创设真实的学习情境，让学生在参与体验过程中发现问题、解决问题。学校将屋顶农场作为学生创新思维和实践探索的试验田，采用波士顿博物馆专门为小学生研发的工程设计途径：提问、想象、计划、制作和改进，来开展一系列针对高年级学生的项目式学习活动。

1. 引导学生提出科学问题

能自主提出可以探究的科学问题是一项必备的科学技能，而学生不擅长提

出高质量的科学问题。农耕课程需要学生深度参与，在实践过程中教师引导学生从遇到的困难出发，逐步培养学生的提问意识。同时可以在农场设置问题库，让学生将自己在劳动中遇到的问题书写下来，并粘贴在问题库中。课堂上教师有选择地将问题在班级进行交流讨论，然后针对共性问题、可研究的科学问题进行筛选。

2. 指导学生设计解决方案

明确问题之后，教师需引导学生组建项目研究小组，请每个学生对研究问题设计实验方案。完成初步想象后，在组内进行方案选优，最终以小组为单位在全班进行方案介绍。在设计方案的过程中，教师需要对实验设计的科学性、严谨性、可操作性进行把关。

3. 辅导学生开发创意作品

完成设计之后将进入制作测试阶段，教师需要指导学生根据设计方案完成作品的制作，并以小组为单位在农场进行实践研究。在测试阶段教师需要关注学生的测试效果，如果测试失败，则需要继续分析原因并改进作品，最终完成一个能够解决实际问题的产品。农场解决的是真实情景的问题，在计划阶段通常需要专业人士的参与，以保障学习活动的顺利进行，有条件的学校可以邀请专业人士或者家长参与指导。

❖ 案例 8：

五年级
——守护菜地大作战：制作稻草人

一、活动背景

学生们在屋顶农场种植了各种蔬菜，在他们的悉心照料下蔬菜长势喜人，但是最近发现蔬菜叶子上出现了大量的破损，通过观察发现可能是被小鸟啄食一空，导致无法采摘食用。五年级学生在经过多次实地调查后，提出放置"稻草人"以减少青菜被鸟群偷吃的情况。基于上述情况，将屋顶农场与劳动教育相结合，开展学习、制作稻草人的实践活动，提高学生的劳动素养，锻炼其动手实践能力和创造能力。

二、活动目标

知识目标

1. 知道稻草人的由来、结构及制作工艺。

2. 知道通过对比实验评估稻草人的实际效果。

能力目标

1. 通过查阅资料，提高筛选信息的能力。

2. 通过团队协作，提高合作交流的能力。

3. 通过亲身制作各式稻草人，积累和丰富劳动经验，加强动手实践能力和创新能力。

三、参与人员

五年级学生

四、活动时间

科学课、课后

五、活动过程

第一部分：寻找稻草人的智慧（1课时）

交流：同学们，今天这节课我们一起走进屋顶农场，看看我们种下的蔬菜的生长情况。

带领学生走进农场观察蔬菜长势。

提问：看了农场的蔬菜，你们有什么问题或者想法吗？

学生回答：

1. 蔬菜长得真快；

2. 好多叶子都有破损，是什么原因导致的呢？

提问：同学们观察得非常仔细，老师也和大家有一样的疑问，蔬菜叶子上的破损是什么原因导致的呢？

学生回答：

1. 虫子吃的。

2. 小鸟吃的。

追问：其他同学都同意这种观点吗？

交流：现在菜地里面没有发现虫子，但是刚刚菜地里飞出去了一群鸟……是不是它们吃的？

提问：同学们能用证据进行推测，非常了不起。还有其他办法能够证明是小鸟吃了菜叶子吗？

交流：可以调出学校的监控，看看到底是不是小鸟吃的。

过渡：非常好，同学们可以向学校信息中心提出申请，然后找出破坏蔬菜叶子的"凶手"。

播放小鸟吃蔬菜叶子的监控视频。

交流：通过大家的共同努力，我们找到了吃蔬菜叶子的是小鸟。现在问题已经有了答案，你们能想个办法来保护我们的菜地吗？

学生回答：我们可以向农民伯伯学习，制作几个稻草人放在农场菜地上，这样小鸟就不敢来了。

引导：你的知识面真广，我国是农业大国，利用稻草人来驱赶菜地的小鸟是自古以来就有的，这也是劳动人民智慧的体现。

提问：你们了解了哪些关于稻草人的问题？为什么稻草人能驱赶小鸟？

交流：稻草人的外形很像人，小鸟怕人，所以它们不敢来菜地吃菜叶子了。

引导：你分析得很有道理，课后请大家一起来收集关于稻草人的知识。你们可以从以下几个方面进一步思考：稻草人都有哪些式样？可以用什么材料制作？具体怎么做？除了制作稻草人之外还有其他方法吗？

学生团队收集稻草人的相关资料。

第二部分：设计"稻草人管家"（1课时）

交流：相信课后同学们都已经了解了稻草人的相关知识和文化。接下来请你们以小组为单位分享你们小组收集的资料或者设计思路。

交流汇报：学生以团队为单位上台汇报收集结果，团队之间进行交流讨论，提出建议。

学生主要汇报稻草人的制作方法。

全班共同确定以下基础制作方案，如果有其他合理的方法教师应该支持。

第一，搭建框架。准备两根分别长为1.5米和1.8米的棍子。然后两根棍子固定在一起，形成一个十字架，完成稻草人的基本框架。（用螺丝刀、螺丝，或是麻绳、热熔胶等，将稍短的棍子固定住。）

第二，制作衣服。给稻草人穿上旧衣服，然后用麻绳或者细线扎紧手臂末端以及衣服底部。

第三，将衣服内部填满。可以找稻草、干草、树叶、废纸等填充稻草人。

第四，完善局部结构。给稻草人的头部安装一个皮球，戴上帽子；给稻草人的手部戴上旧手套或是园林手套。记得在手套里塞上填充物让它们看起来形状更饱满。

第五，最后将完成的稻草人插在农场菜地上。

引导：同学们已经掌握了传统稻草人的制作方法，这样的稻草人能做到百分之百防鸟吗？

交流：胆大的小鸟尝试几次之后，发现稻草人不会动还是会继续吃蔬菜叶子。

提问：那你们能够继续想办法，让"稻草人"升级成2.0版，使它的防鸟

功能更进一步吗？

交流：我们应该让稻草人更像我们真实的人类。

学生回答：

1. 让稻草人的部分结构动起来。

2. 让稻草人能够发出声音。

提问：你们认为这样的想法怎么样？有办法让稻草人动起来并能发出声音吗？

学生回答：

1. 可以采用机器人材料或者马达、传感器等控制稻草人的手动起来。比如每半小时旋转 5 圈。

2. 在稻草人身上装上一个扬声器，也可以设置时间，每 20 分钟播放 1 分钟嘈杂的声音。

团队之间互相完善方案。

小结：同学们果然是新时代的青少年，想到了在传统的稻草人的基础上加入信息技术手段，让稻草人更加接近真实的人类。那接下来就请你们根据自己团队的想法设计你们的稻草人，并且准备相关材料，我们下节课一起制作稻草人。

1. 学生完成稻草人设计图。

2. 团队共同准备稻草人材料。

第三部分：制作稻草人（2课时）

交流汇报：各组上台汇报本组的稻草人设计图、所需材料，并讲解如何制作。

汇报过程中其他小组可以提问题及建议，让汇报小组进行回答和解释。

图7-1　稻草人设计过程汇报

制作稻草人：各组根据自己的设计制作稻草人。

图7-2 稻草人制作过程

交流：通过团队的共同努力，大家的稻草人已经基本制作完成，接下来应该怎么做呢？

学生回答：到农场安装稻草人，并且观察效果。

提问：怎么判断我们制作的稻草人确实有效果呢？

学生回答：学校有两个屋顶农场，我们可以选择在一个农场放置稻草人，在另外一个农场不放置稻草人。一周之后观察两个农场相同品种的蔬菜叶子是否有不同。

追问：蔬菜叶子什么情况说明稻草人是有防鸟作用的？

交流：如果放置稻草人的农场蔬菜叶子完好，而没有放置稻草人的农场蔬菜叶子有破损，就说明稻草人确实有防鸟的功能。

实践：在教师的带领下，各组将自己制作的稻草人安装在指定的菜地。

图7-3 稻草人安装

观察：在接下来的时间，学生分别观察记录两个农场的蔬菜叶子，并对稻草人防鸟的方法给予客观科学的评价。

案例评析

"守护菜地大作战：制作稻草人"案例是一个典型的 **STEM** 理念的项目式学习案例。学生从现象出发，找出问题然后想办法解决问题。

屋顶农场智慧劳动课程为学生提供了一个真实的学习情境，学生从蔬菜叶破损的真实现象寻找问题原因，通过查阅资料制作稻草人解决问题，并且通过已有的知识储备和技术手段对传统的稻草人进行升级改进。学生通过充分参与课程学习，在解决问题的过程中，培养了科学逻辑、动手实践能力、工程思维、创新意识，真正提升了全面发展的核心素养。

4. 结合信息技术，发展学生技术应用水平

核心素养中是这样描述"技术运用"：理解技术与人类文明的有机联系，拥有学习掌握技术的兴趣和意愿，拥有工程思维，能将创意和方案转变成有形物品或对已有物品进行改进与优化等。

发展学生技术运用水平的方法与途径有很多。创客教育是近年来伴随创客运动的兴起，旨在引领学生动手动脑，把创意转变为现实，培养学生实践创新能力的教育。目前，麓小关于创客教育的活动课程十分丰富，有机器人课程、3D 打印课程、电子制作创客课程等。我们提倡在创客教育课程中借助学校已有硬件、软件设备作为技术的支撑，来发展学生的技术运用水平。

❖ **案例 9：**

创客课程：屋顶农场柔性传粉机器人

一、问题的提出

在学校屋顶农场种植活动中，学生发现西瓜、丝瓜出现了生长不良的情况，瓜果数量少、质量不高。由此我们确定了课题的研究方向，以屋顶农场为基地，解决实际问题，并培养学生的创新能力。根据老师们的专长，组建了课题组并进行了分工。

二、解决问题的过程

1. 分析问题原因

学生认为导致瓜果数量少、质量不高的原因可能出现在开花结果期。学生通过查阅资料后，了解到在开花结果期影响植物果实形成及长势的可能因素有营养条件、环境因素、传粉受精过程等。

学生分析了屋顶环境与地面环境的差别，他们总结出屋顶有地势、温度高，湿度、风力大的特点。同时他们也发现，屋顶很少有昆虫光顾。而昆虫是很多植物的传粉媒介，所以我们本阶段先以"传粉"这一因素进行研究。

2. 研讨设计方案

学生们首先想到的是人工授粉，但是人工授粉局限性很多，于是，他们思考是否有其他省时省力的方法。在老师们的启发下，学生觉得可以利用学校机器人器材，设计成人工智能传粉的方式解决屋顶农场虫媒传粉不佳的问题。

3. 实施设计方案

初步设计：学生独立思考、集体交流、自由讨论、头脑风暴，确定好分组和具体实施流程。

老师进行引导，完善项目实施方案。

第一步：绘制设计图。

第二步：拼装器材。

第三步：编写程序。

第四步：调试机器人。

最后去屋顶农场进行了现场测试。通过实测后发现：机器臂易损伤花朵，得不偿失，故开展新一轮改良设计，如下：

方案定位：屋顶农场柔性传粉机器人

学生实验：柔性传粉仿真模拟实验

学生在 A4 白纸上放好预先用机器人的梁刮下来的彩色粉笔灰模拟花粉，来验证吹的方法是否可行。

得出结论：用白色小电机和扇叶做成的传粉头可以使粉笔灰吹散，且马达速度越大，粉笔灰吹散得越多越快。

于是学生重新设计技术方案总图如下：

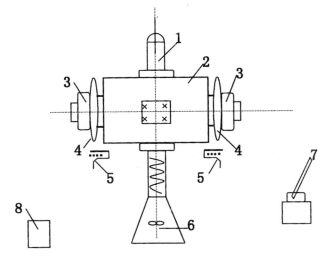

1. 风叶电机
2. 传动箱（齿轮箱）
3. 车轮电机
4. 行走轮
5. 导轨
6. 传粉器（风扇轴、叶片、夕罩、弹簧）
7. 遥控器
8. 控制系统

4. 实测技术装置

最后我们把图纸利用机器人器材变为现有装置。通过马达速度的实验来进行效果验证。

传粉头优化测试

马达速度（转 / 分）	传粉效果
10	不明显
20	不明显
30	一般
40	一般
50	四周被吹散得多，中间还有存留
60	四周被吹散得多，中间还有存留
70	四周无剩余，中间还有少量存留
80	四周无剩余，中间还有少量存留
90	全部无剩余
100	全部无剩余

据测试可知，当传粉头马达速度达到 90 转 / 分以上，传粉效果最明显。

机器人运行稳定性测试

马达速度（转 / 分）	工 效	
	单轨传粉机器人	双轨传粉机器人
10	行走稳定	行走稳定且缓慢
20	行走稳定	行走稳定
30	有卡顿现象	行走稳定
40	机器人部分脱离轨道	行走稳定
50	走到一半，机器人掉落	行走较稳定
60	一开始走，机器人就掉落	行走较稳定
70	一开始走，机器人就掉落	有卡顿现象
80	一开始走，机器人就掉落	机器人破坏行走履带
90	一开始走，机器人就掉落	机器人部分脱离轨道
100	一开始走，机器人就掉落	机器人掉落

当机器人马达速度达到 20 转 / 分，单轨机器人工效最高。达到 40 转 / 分，双轨机器人工效最高。

三、总结与计划

在创新活动实施阶段，学生在老师的帮助下，自主完成对"屋顶农场柔性传粉机器人"的创新设计、自主研发、实践改进、完善成品的过程。后续我们将继续围绕这一问题进行研究，除了"传粉"这一因素外，其他因素是否影响了植物果实长成及长势，继续研究创新发明去解决这一实际问题，继续培养学生的创新能力。

麓山国际实验小学将劳动教育纳入五育并举的格局，不断创新劳动教育的形式和内容，借助学校屋顶农场智慧劳动课程，带领都市的学生真正走进生活的课堂、走进劳动的农场，让他们体验、感悟劳动之美，让智慧劳动更好地服务于培养"全面发展的人"，坚守为党育人、为国育才的初心使命，全力培养社会主义建设者和接班人。

第三节　五彩麓山枫课程培育未来公民

麓山国际实验小学所开展的德育活动实践课程采取了包括社会活动在内的活动设计建构方式，即"课程内容活动化"，或者说活动实践课程的课程方式就是一系列活动设计的系统安排，即"活动设计内容化"。以此将知识内容依托活动，在活动过程中逐步培养和提升学会学习、健康生活、社会参与、责任担当和实践创新等核心素养。在这样的理念指引下，学校开发并实践了五彩麓山枫课程，以活动实践课程为载体，增强学生的社会责任感，提升其创新精神和实践能力，培养麓小学子成为有理想信念、敢于担当的未来公民。

一、课程开设缘起

麓山国际实验小学地处"碧峰屏开，秀如琢玉"的岳麓山下湘江之滨，比邻岳麓书院。校名中"麓山"二字不仅是地名，而且指代从麓山发源的湖湘文化及其优良教育传统。学校秉承"面向世界，博采众长，发展个性，奠基人生"的办学目标，以"学会生存，学会关心，做豪迈的中国人"为培养目标，率先将实践活动进行整合和规范，最终决定以五种（红、绿、蓝、橙、粉）颜色为实践活动主题，并且结合岳麓山"枫叶"文化，将实践活动开始定名为五彩麓山枫系列实践课程。经过多年的实践探索，该课程已经普及到"麓共体"各个学校，形成了五彩麓山枫系列活动实践型课程品牌，得到了长沙教育系统的领导、同仁，以及家长、各界媒体朋友的高度肯定，还得到了团中央的点赞表扬，成为学校活动实践课程中的一大特色与亮点。

二、课程实施路径

为深入贯彻落实习近平总书记对广大少年儿童的殷切希望和要求，教育引导广大少先队员积极投身社会实践活动，麓山国际实验小学秉承学校"学会生存，学会关心"的培养目标，于每年的寒暑假组织麓小学子以中队或者小队为单元，按照五彩麓山枫实践活动课程的要求，走上街头、走进社区、走进工厂、走进福利院，开展了形式多样、丰富多彩的课程实践活动。

（一）红色麓枫课程——红色基因我传承

红色，象征光明，凝聚力量和引领未来。红色基因更是代表中国革命精神的传承。少年儿童是祖国的未来、中华民族的希望，也是党的未来。新时代的少先队员必须牢记习近平总书记的教导，从小培养对党和社会主义祖国的朴素情感，确保红色基因代代相传。

该实践活动课程组织学生参观爱国主义教育基地，包括先烈故居（如刘少奇故居）、纪念馆（如雷锋纪念馆）、红色名胜（如橘子洲头）、历史名人故居（如贾谊故居）、博物馆（如湖南省湘绣研究所、国货陈列馆）等，学生在活动过程中积累了丰富的社会实践活动经验，拍摄了活动照片，留下了生动的活动记录与感言。

❖ **案例 10：**

1917班暑假社会实践

为深入贯彻落实习近平总书记对广大少年儿童的殷切希望和要求，教育引导广大少先队员积极投身社会实践，努力争做新时代好少年，1917班开展了"五彩麓山枫——争做新时代好少年"主题实践活动。

传承红色基因，践行红色精神。2020年7月11日，1917班小海洋中队的队员们来到长沙市红色教育基地岳麓山参观学习。

我们9:00到达东方红广场。蓝天白云之下，毛泽东爷爷的雕像矗立在广场中央，正深情地凝望着这片土地，也仿佛在告诉我们要传承红色精神，牢记初心使命。我们整理好红领巾，向毛泽东爷爷的雕像行少先队队礼，表达我们传承红色基因，践行红色精神的决心！礼毕后我们唱着《少年先锋队队歌》一路向前。

来到爱晚亭前，只见爱晚亭掩映在参天古树下，重檐八柱，碧绿的琉璃瓦，四角飞翘，好似凌空欲飞。亭内彩绘藻井，东西两面各一块红底镶金的匾额，上有毛主席亲笔所书的"爱晚亭"三个大字。

沿着爱晚亭往上行，在潺潺的溪水旁边，有一个黝黑的防空洞，旁边的指示牌告诉我们这里是第九战区司令部临时指挥部。1939年9月到1944年8月期间，中国军队与侵华日军在以长沙为中心的第九战区进行了4次大规模的激烈攻防战。在战役中，中国军队取得了重大胜利。听着讲解员的讲解，我们明白今天的幸福生活真的来之不易，吾辈当自强！

（二）绿色麓枫课程——环保责任我践行

2019年习近平总书记对垃圾分类工作做出重要指示。他强调，实行垃圾分类，关系广大人民群众生活环境，关系节约使用资源，也是社会文明水平的一个重要体现。习近平指出，推行垃圾分类，关键是要加强科学管理、形成长效机制、推动习惯养成。要开展广泛的教育引导工作，让广大人民群众认识到实行垃圾分类的重要性和必要性，通过有效的督促引导，让更多人行动起来，培养垃圾分类的好习惯，全社会人人动手，一起来为改善生活环境而努力，一起来为绿色发展、可持续发展做贡献。

麓山国际实验小学认真落实习近平总书记关于垃圾分类的重要指示，学生暑假都要参与家庭生活垃圾分类活动，并记录自己垃圾分类的天数，开学我们来比一比，看看哪些同学能坚持做好。

学校积极组织学生参加由长沙团市委联合市教育局、市城市管理和综合执法局、市生态环境局、市少工委办公室、市青年志愿者联合会、长沙农村商业银行等单位精心打造的一项青少年环保实践活动——"长沙蓝·青少年生活垃圾分类公益志愿行动"，取得了良好的实践育人成效，收获了荣誉表彰。

❖ **案例11：**

1506班长沙蓝·青少年生活垃圾分类公益志愿行动

红网时刻9月1日讯（通讯员：沈佳雯、胡皓程、袁嘉宁、杨君妮）在注重素质教育的今天，社会实践活动是学校教育向课堂外的一种延伸，是孩子们学习知识、锻炼才干的有效途径，更是学生服务社会、回报社会的良好形式。

"五彩麓山枫——争做新时代好少年"，长沙市麓山国际实验小学1506班在2020年暑期开展了丰富多彩的社会实践活动。胡皓程团队、袁嘉宁团队分别组织了垃圾分类社会实践活动，目的是感受垃圾带来的危害，了解垃圾分类，使其变废为宝。通过实践活动，培养了孩子们的动手能力和创新精神，形成了较强的环保意识，养成自觉分类的环保好习惯。

暑假期间，袁嘉宁团队一行来到岳麓山，做岳麓山上的环保小卫士，不让白色垃圾损害5A级景区的容貌。天气炎热，孩子们从景区东门出发，一直到

岳麓山顶，捡拾沿途垃圾，游客纷纷点赞。孩子们利用一上午的时间，把经过之处的垃圾捡拾干净，虽然累但是快乐着。他们最大的感受就是环保要从自己的身边事做起，从自己做起，以自己的行动感染身边人，做真正的环保小卫士。

杨君妮团队组织开展了垃圾分类活动，孩子们在课堂上学会了垃圾分类知识，对于垃圾分类更加重视。老师引导孩子们如何进行分类，并提倡垃圾分类从你我做起；孩子们还在老师的指导下开展绘画作品比赛。他们纷纷表示，要以自己的行动让垃圾分类深入人心，使我们的生活环境更加美好。

（三）蓝色麓枫课程——坚持劳动我快乐

劳动教育是新时代党对教育的新要求，是中国特色社会主义教育制度的重要内容，是全面发展教育体系的重要内容，是大中小学必须开展的教育活动。2018年9月10日，习近平总书记在全国教育大会上明确指出，把劳动教育纳入社会主义建设者和接班人的总体要求，构建德智体美劳全面培养的教育体系。加强劳动教育是习近平新时代中国特色社会主义思想在教育领域的凝练与体现，是对马克思主义"人的全面发展"理论的坚守与继承，更是贯彻落实立德树人根本任务、提升青少年实践创新能力、培养新时代合格的社会主义建设者和接班人的必然要求。麓山国际实验小学开设了蓝色麓枫课程劳动实践活动。该课程活动根据自愿的原则，在做好防护措施的前提下，主动净化、绿化、美化家庭、院落和公共空间，弘扬传承健康文明的新家风或争当志愿者，协助做好疫情疾病防控、环境卫生整治、健康知识宣传等工作，学生在实践活动中充分享受到了劳动的乐趣，提升了社会实践与社会参与感。

❖ 案例 12：

享受劳动之乐
——1707班暑假社会实践活动

2020年7月17日，长沙市全体小学生正式开启暑期模式。"培养学生的劳动意识，让学生掌握一定的劳动知识和技能，最终让学生热爱劳动，感受劳动的快乐"，这是麓山国际实验小学暑假开展课外实践活动的指导思想，我们1707班的同学纷纷响应学校的号召，在家做菜、做点心，真是八仙过海，各显神通啊！

平时都是爸爸妈妈、爷爷奶奶帮我们准备爱心早餐、可口饭菜。暑假到了，我们也来为长辈服务。你看我们班的黄露娴同学做的苦瓜炒蛋，在这个炎热的夏天可以清热解毒；陈星宇同学做的肉沫炒豆腐，还用了大蒜叶点缀呢，真是色香味俱全；言晟弘同学炒的酸辣鸡丁更是让人馋得流口水，看照片就想吃一口呢！

除了做菜，我们班的同学还做了好多其他美食呢！邓书颜同学做的饺子可是下了一番苦功啊，香菜、胡椒、姜蒜、生抽、蚝油，还得加上一两个鸡蛋搅拌均匀，美味的饺子馅才算准备好。包饺子时更要讲究技巧，一对折，二捏，三抿紧，饺子皮才会包得紧紧的。陈柯芳同学还会做外国点心呢——越南春卷，准备的材料比做饺子还多，有黄瓜、胡萝卜、香蕉、芒果、粉丝、虾仁、鸡蛋皮、紫薯、海苔和春卷皮。是不是非常丰盛呀？喻诗琪同学的百香果茶，张轲童、杨芸熙同学的鸡蛋饼，李瑾涵同学的包子……哇，我们班同学做的美食数不胜数，可以开满汉全席啦！

劳动虽然辛苦，但是劳动的过程却是愉悦的，同学们都感受到了劳动的伟大和快乐。学会生存，学会关心，做豪迈的中国人，从自己做美食开始，让我们在劳动中快乐，在快乐中成长！

（四）橙色麓枫课程——志愿服务我热心

学校积极组织学生参与"爱心捐赠零花钱·关爱困难小伙伴"实践活动，在家长指导下，开展"爱心义卖"，如义卖报纸、闲置物品、手工物品等。再以班级为单位将爱心款交到大队部，将爱心款项用于扶助社会弱势群体，培养了麓小学子的团队意识、互助精神和责任担当。

❖ **案例 13：**

爱心捐赠零花钱，关爱困难小伙伴
——1910班暑假社会实践活动

夏日炎炎，爱心助力，8月22日—8月23日，在学校家委会和马老师的组织带领下，麓山国际实验小学1910班的同学们进行了为期两天的"爱心捐赠零花钱，关爱困难小伙伴"义卖活动。

本次义卖活动意义非凡，一是为了让孩子们认识人民币的作用，体验生活中的数学知识，让孩子在实践中学习合理推销商品、购买商品。二是为了培养学生合理购物的能力，形成环保意识、节约意识、公平买卖意识，体验数学在生活中的巨大作用。三是为了进一步培养学生乐于助人、乐于奉献的品质，体验奉献带来的快乐；激发学生把自己的爱传递给身边需要帮助的人。

8月22日晚上7点，1910班同学在恒大华府小区广场"爱心捐赠零花钱，关爱困难小伙伴"义卖活动。

8月23日晚上7点，1910班同学在钰龙小区前坪"爱心捐赠零花钱，关

爱困难小伙伴"义卖活动。同时还有身处浏阳的同学也同步进行义卖活动。

活动中，同学们售卖的物品琳琅满目，品种繁多，有各种绘本图书、文具、小饰物、玩具小车、拼搭积木……还有别出心裁的套圈活动。同学家长做的纯手工糖也深受大家的喜爱，大家的小摊各具特色，同学们扮演小老板也是有模有样！

两天的活动看起来只是短短几个小时，但是却凝聚着我们每个人的心血。在义卖举办前，同学们各自在家认真准备，拿出了自己心爱的物品，进行清洗整理。在举行义卖会的时候，老师、家长、同学们都成为义卖的工作人员，忙得不亦乐乎。为了帮助困难小伙伴，奉献爱心，同学们扮演老板的同时也充当顾客，表现出从所未有的充实和满足。

开学后，同学们会将义卖所得的爱心款以班为单位交校大队部，用于扶助社会弱势群体。家长们都非常支持这项社会实践活动，大家都期待下次活动的开展。通过这次活动让同学体会到生活不易，我们应该好好珍惜当下。这次活动不仅锻炼了孩子们的能力，又培养孩子们的爱心。

（五）粉色麓枫课程——健康生活我做主

学校积极组织麓小学子参加"我和长沙的2020"长沙市中小学生征文比赛、2020长沙市"媒体艺术进校园"系列活动创作大赛、第三届"湖南好粮油行动"学生手机摄影大赛；开展正确使用网络资源开展学习活动，充分利用"长沙市中小学生在线学习中心"，切实提高学习效率；通过新媒体平台阅读文章，在网站（人民日报少年网 ww.rmrbsn.cn，人民网 www.people.com.cn）、客户端（人民日报少年客户端）、人民日报微信公众号、人民日报官方微博等新媒体平台发布获奖作品；开展《做好新时代接班人》《平语近人》等延伸阅读；鼓励学生坚持参加体艺2+1项目，以此引导麓小学子理解生命意义和人生价值。

五彩麓山枫社会实践活动是麓山国际实验小学独具特色的德育实践活动课程品牌。从2011年五彩麓山枫德育实践活动课程开展至今，深受学生和家长的喜爱，已有约7万人次参与此项活动。多家新闻媒体、电视台进行了专题报道，活动收获了行业内的广泛赞誉和良好的社会影响。在丰富多彩的实践活动体现了学校办学思想，体现了"追求卓越、永不满足"的麓小精神，实现了培育具有中国根基的世界公民的育人理想。

教育的本质指向人的德性的成长。无德育，则无教育。自创建之初就秉持

"敢为天下先"的湖湘精神的麓山国际实验小学，将全面贯彻党的教育方针，对标国家对德育工作的宏观要求，回应新时代对于新德育的目标期待，坚持以习近平新时代中国特色社会主义思想铸魂育人，落实立德树人根本任务，在以核心素养为导向的麓小主体性德育模式的探索与实践中，围绕中国学生发展核心素养，结合麓山国际实验小学办学理念，引导学生认知、领悟、践行和弘扬社会主义核心价值观，培养他们成为有"自信、自理、自主"能力和"爱心、责任、合作"素养，有全球胸怀和独立人格，德智体美劳全面发展的社会主义建设者和接班人，让麓山国际实验小学成为师生的书香校园、实践学园、成长乐园和幸福家园，真正实现"以德为先，五育并举"的新时代育人新理念！

参考文献

1. 中华人民共和国教育部：《中小学德育工作指南（2017）》，2017 年 9 月 5 日。

2. 林崇德：《中国学生发展核心素养研究报告》，2016 年 9 月 13 日。

3. 张宁娟：《新时代学校德育工作的三个基本问题》，《中国德育》2021 年第 10 期。

4. 朱永新：《问题在哪里——新时代呼唤新德育》，《守望新教育》2020 年 11 月 16 日。

5. 陈东升：《聚焦新时代新要求，全面提升中小学校德育工作水平》，《北京教育》（普教版）2021 年第 5 期。

6. 支梅、张丽莉：《课程德育评价指标建构——基于社会参与核心素养视角》，《中国德育》2021 年第 8 期。

7. 余文森：《核心素养的内涵与意蕴》，《今日教育》2016 年第 2 期。

8. 张华：《论学科核心素养》，《华东师范大学学报》（教育科学版）2019 年第 1 期。

9. 郑金洲：《关于学生核心素养的名称与含义问题》，《新教师》2016 年第 2 期。

10. 伍春晖：《湖湘教育传统与当代湖南教育》，《教育文化论坛》2014 年第 3 期。

11. 陈先枢：《论湖湘学风的特征》，《湖南社会科学》1997 年第 2 期。

12. 檀传宝：《学校道德教育原理》（第 3 版），教育科学出版社，2015 年。

13. 李素洁：《为"世界公民"的人生奠基》，教育科学出版社，2011 年。

14. 黄斌：《以课程致未来》，广西师范大学出版社，2021 年。

15. 承敏芳：《小学生素养养育新思维》，广西师范大学出版社，2022 年。